中华人民共和国产品质量法

注释本

法律出版社法规中心　编

法律出版社
LAW PRESS CHINA
·北　京·

图书在版编目(CIP)数据

中华人民共和国产品质量法注释本 / 法律出版社法规中心编. -- 3版. -- 北京：法律出版社，2021(2024.3重印)
(法律单行本注释本系列)
ISBN 978-7-5197-5603-1

Ⅰ.①中… Ⅱ.①法… Ⅲ.①产品质量法－法律解释－中国 Ⅳ.①D922.292.5

中国版本图书馆CIP数据核字(2021)第082476号

中华人民共和国产品质量法注释本
ZHONGHUA RENMIN GONGHEGUO CHANPIN ZHILIANGFA ZHUSHIBEN

法律出版社法规中心 编

责任编辑 张红蕊
装帧设计 李 瞻

出版发行 法律出版社
编辑统筹 法规出版分社
责任校对 陶玉霞
责任印制 耿润瑜
经　　销 新华书店

开本 850毫米×1168毫米 1/32
印张 5.25 **字数** 125千
版本 2021年5月第3版
印次 2024年3月第2次印刷
印刷 三河市龙大印装有限公司

地址:北京市丰台区莲花池西里7号(100073)
网址:www.lawpress.com.cn
投稿邮箱:info@lawpress.com.cn
举报盗版邮箱:jbwq@lawpress.com.cn
销售电话:010-83938349
客服电话:010-83938350
咨询电话:010-63939796

书号:ISBN 978-7-5197-5603-1 **定价**:20.00元
凡购买本社图书,如有印装错误,我社负责退换。电话:010-83938349

编辑出版说明

现代社会是法治社会，社会发展离不开法治护航，百姓福祉少不了法律保障。遇到问题依法解决，已经成为人们处理矛盾、解决纠纷的不二之选。然而，面对纷繁复杂的法律问题，如何精准、高效地找到法律依据，如何完整、准确地理解和运用法律，日益成为人们“学法、用法”的关键所在。

为了帮助读者快速准确地掌握“学法、用法”的本领，我社开创性地推出了“法律单行本注释本系列”丛书，至今已十余年。本丛书历经多次修订完善，现已出版近百个品种，涵盖了社会生活的重要领域，已经成为广大读者学习法律、应用法律之必选图书。

本丛书具有以下特点：

1. 出版机构权威。成立于1954年的法律出版社，是全国首家法律专业出版机构，始终秉承“为人民传播法律”的宗旨，完整记录了中国法治建设发展的全过程，享有“社会科学类全国一级出版社”“全国百佳图书出版单位”等荣誉称号。

2. 编写人员专业。本丛书皆由相关法律领域内的专业人士编写，并引入匿名审稿评估制度，确保图书内容始终紧跟法治进程，反映最新立法动态，体现条文内涵。

3. 法律文本标准。作为专业的法律出版机构，多年来，我社始终使用全国人民代表大会常务委员会公报刊登的法律文本，积淀了丰富的标准法律文本资源，并根据立法进度及时更新相关内容。

4. 条文注解精准。本丛书以立法机关的解读为蓝本，对每个条文提炼出条文主旨，并对重点条文进行注释，使读者能精准掌握立法意图，轻松理解条文内容。

5. 配套附录实用。书末“附录”部分收录的均为重要的相关法律、法规和司法解释，使读者在使用中更为便捷，使全书更为实用。

需要说明的是，本丛书中“适用提要”“条文主旨”“条文注释”等内容皆是编者为方便读者阅读、理解而编写，不同于国家正式通过、颁布的法律文本，不具有法律效力。本丛书不足之处，恳请读者批评指正。

我们用心打磨本丛书，以期待为法律相关专业的学生释法解疑，致力于为每个公民的合法权益撑起法律的保护伞。

法律出版社法规中心

2021 年 5 月

目　录

附　　录

《中华人民共和国产品质量法》适用提要

为依法加强对产品质量的监督管理，七届全国人大常委会于 1993 年 2 月 22 日通过了《中华人民共和国产品质量法》，自 1993 年 9 月 1 日起施行。《产品质量法》[①]是一部为了加强对产品质量的监督管理而制定的法律。坚持质量第一，高度重视产品质量，是《产品质量法》的根本指导思想。《产品质量法》的施行，对于增强全民族的产品质量意识，提高我国产品质量的总体水平，明确产品质量责任，惩治生产、销售伪劣产品的行为，保护消费者的合法权益，维护社会主义市场经济秩序，发挥了重要作用。2000 年 7 月 8 日，九届全国人大常委会通过了《关于修改〈中华人民共和国产品质量法〉的决定》，对《产品质量法》进行了第一次修正，其中新增条文 25 条，修改原有条文 20 条，删除原有条文 2 条，使《产品质量法》从原有的 51 条增至 74 条。2009 年 8 月 27 日，十一届全国人大常委会通过了《关于修改部分法律的决定》，对《产品质量法》进行了第二次修正，该次修正仅对第 69 条作了个别文字修改。2018 年 12 月 29 日，十三届全国人大常委会通过了《关于修改〈中华人民共和国

① 为方便读者阅读，本书中法律法规名称均使用简称。——编者注

产品质量法〉等五部法律的决定》,对《产品质量法》进行了第三次修正,但《产品质量法》的总条数没有变化。《产品质量法》的主要内容如下。

(一)总则

"总则"部分的主要内容包括:(1)本法的立法目的;(2)本法的适用范围;(3)对生产者、销售者内部产品质量管理的基本要求;(4)产品质量责任的责任主体及产品质量责任的法律适用;(5)对产品质量欺诈行为的禁止性规定;(6)国家鼓励企业提高产品质量的主要措施;(7)各级人民政府在产品质量问题上的主要职责;(8)产品质量的监督体制;(9)对政府及其他国家机关工作人员包庇、放纵产品生产、销售过程中违反本法规定行为的禁止性规定;(10)对违反本法的行为的检举及对检举的奖励;(11)禁止在产品质量问题上搞地方保护主义和部门保护主义。

(二)产品质量的监督

在市场经济条件下,一般的产品质量问题,主要依靠市场竞争来解决。通过市场竞争中的优胜劣汰机制,促使企业提高产品质量,增强市场竞争力。但是,政府作为社会经济活动的宏观组织者和管理者,也必须对产品质量进行必要的监督和宏观管理,以维护社会经济秩序,保护消费者的合法权益。

本法确立了国家对产品质量实施监督的基本制度,主要包括:(1)对涉及保障人体健康和人身、财产安全的产品实行严格的强制监督管理的制度;(2)市场监督管理部门依法对产品质量实行监督抽查并对抽查结果进行公告的制度;(3)推行企业质量体系认证和产品质量认证的制度;(4)市场监督管理部门对涉嫌在产品生产、销售活动中从事违反本法规定行为的企业可以依法实施强制检查和采取必要的查封、扣押等强制措施的制度;等等。这些法定的基本制度,既为加强对产品质量的监督管理提供了法律依据,又为市场监督管理部门对产品质量进行监督的行政执法活动提供了必须遵守的行为规范。此外,本法对产品质量检验机构的资格,产品质量检验机构、认证机构执业的基本要求,消费者及保护消费者权益的社会组织在产品质量问题上的权利等问题也作了规定。

(三)产品质量责任制度

产品质量应当符合下列要求:(1)不存在危及人身、财产安全的不合理的危险,有保障人体健康和人身、财产安全的国家标准、行业标准的,应当符合该标准;(2)具备产品应当具备的使用性能,但是,对产品存在使用性能的瑕疵作出说明的除外;(3)符合在产品或者其包装上注明采用的产品标准,符合以产品说明、实物样品等方式表明的质量状况。本法分两节,分别规定了生产者的产品质量责任和义务以及销售者的产品质量责任和义务。产品质量责任制度的主要内容有:

生产者、销售者是产品质量责任的承担者,是产品质量的责任主体。

生产者应当对其生产的产品质量负责,产品存在缺陷造成损害的,生产者应当承担赔偿责任。

由于销售者的过错使产品存在缺陷,造成损害的,销售者应当承担赔偿责任。

因产品缺陷造成损害的,受害人可以向生产者要求赔偿,也可以向销售者要求赔偿。

产品质量有瑕疵的,生产者、销售者负瑕疵担保责任,采取修理、更换、退货等救济措施;给购买者造成损失的,承担赔偿责任。

禁止生产、销售不符合保障人体健康和人身、财产安全的标准和要求的工业产品。

产品质量应当检验合格，不得以不合格产品冒充合格产品。

(四)损害赔偿

本法关于因产品质量问题引起的损害赔偿的规定共9条，分别规定了以下内容：(1)销售者对其售出的产品的质量问题所应承担的民事责任；(2)产品质量存在缺陷造成他人损害的民事责任即产品责任；(3)产品缺陷的定义；(4)产品质量纠纷的解决途径；(5)仲裁机构或者人民法院的委托检验。

(五)罚则

"罚则"部分共24条，对违反本法规定行为的处罚作了规定。

一是，对于与产品质量活动有关的违法的人与事，明确规定追究责任，造成危害的严加制裁。这既是提高产品质量的实际需要，也是为了保护国家和社会的利益。

二是，处罚的重点主要是生产、销售不符合保障人体健康和人身、财产安全的国家标准、行业标准的产品的行为，制假售假行为，以及其他违法产品的生产、销售行为。

三是，处罚力度大，处罚方式的可操作性强。一般来说，计算货值比计算违法所得更易于操作，当然这里也包含了加重处罚。

四是，处罚的对象不仅包括产品的生产者、销售者，而且包括产品质量中介机构，产品质量的监督者，国家机关工作人员，参与产品质量违法活动的运输者、保管者、仓储者以及制假技术的提供者。

五是，对于执法者，一方面规范其执法行为，要求其秉公执法、严格执法，依法履行职责；另一方面也授予了其权力，规定其执法行为受法律保护,维护执法者的权威。

六是,本部分不仅规定了违反本法的行政责任和刑事责任,在一些条款中也涉及了民事责任,但是并不影响前面各章中有关民事责任的规定。

总之,《产品质量法》是一部内容丰富的法律,它借鉴了国外关于产品责任立法的经验,适应了当前以及今后一段时间内我国提高产品质量的实际需要,具有重要意义。

中华人民共和国产品质量法

（1993年2月22日第七届全国人民代表大会常务委员会第三十次会议通过　根据2000年7月8日第九届全国人民代表大会常务委员会第十六次会议《关于修改〈中华人民共和国产品质量法〉的决定》第一次修正　根据2009年8月27日第十一届全国人民代表大会常务委员会第十次会议《关于修改部分法律的决定》第二次修正　根据2018年12月29日第十三届全国人民代表大会常务委员会第七次会议《关于修改〈中华人民共和国产品质量法〉等五部法律的规定》第三次修正）

第一章　总　　则

第一条　【立法目的】[①]为了加强对产品质量的监督管理，提高产品质量水平，明确产品质量责任，保护消费者的合法权益，维护社会经济秩序，制定本法。

条文注释

本条是关于本法立法目的的规定。

---

① 条文主旨为编者所加，仅供参考，全书同。——编者注

所谓“产品质量”，通常是指产品满足需要的适用性、安全性、可靠性、耐用性、可维修性、经济性等特性的总和。这里所讲的“产品质量责任”，是指产品的生产者、销售者不履行本法规定的保证产品质量的义务所应当承担的法律后果，包括产品质量民事责任、违反本法规定的行政责任及刑事责任。

第二条 【适用范围】在中华人民共和国境内从事产品生产、销售活动，必须遵守本法。

本法所称产品是指经过加工、制作，用于销售的产品。

建设工程不适用本法规定；但是，建设工程使用的建筑材料、建筑构配件和设备，属于前款规定的产品范围的，适用本法规定。

条文注释

本条是关于本法适用范围的规定。

本法主要调整在我国境内从事产品生产、销售活动过程中所发生的权利、义务、责任关系。本法调整的产品主要是指以销售为目的，通过工业加工、手工制作等生产方式所获得的具有特定使用性能的物品。未经加工的天然形成的产品如原矿、原煤、石油、天然气等以及初级农产品如农、林、牧、渔产品等，不适用本法规定。

所谓“建设工程不适用本法规定”，是指本法不适用于建筑物、工程等不动产。由于建设工程的质量问题与一般加工、制作的产品具有较大的不同，对建设工程的质量问题，应当适用《建筑法》等法律的规定。但是，建设工程使用的建筑材料、建筑构配件和设备，属于经过加工、制作用于销售的产品的，则适用本法。

关联法规

《国家质量监督检验检疫总局关于实施〈中华人民共和国

产品质量法〉若干问题的意见》第3条

第三条 【生产者、销售者内部产品质量管理责任】生产者、销售者应当建立健全内部产品质量管理制度，严格实施岗位质量规范、质量责任以及相应的考核办法。

条文注释

本条是关于生产者、销售者内部产品质量管理的指导性规定。

本条中的“生产者、销售者”，主要是指从事产品生产活动或销售活动的国有企业、集体企业、私营企业、外商投资企业等各类企业，同时也包括从事产品生产、销售活动的个体工商户。

第四条 【责任主体】生产者、销售者依照本法规定承担产品质量责任。

条文注释

本条是关于承担产品质量责任的主体的规定。

承担产品质量责任的主体包括生产者、销售者（含供货者），即从事产品生产活动或销售活动的各类企业及个体工商户。

本条中的“生产者”，是指具有产品生产行为的人；本条中的“销售者”，是指具有产品销售行为的人。

承担产品质量责任包括承担相应的行政责任、民事责任和刑事责任。民事责任包括产品瑕疵担保责任和产品侵权损害赔偿责任。

关联法规

《民法典》第615～617、1202～1207条

《刑法》第140～150条

第五条 【禁止性条款】禁止伪造或者冒用认证标志等质量标志;禁止伪造产品的产地,伪造或者冒用他人的厂名、厂址;禁止在生产、销售的产品中掺杂、掺假,以假充真,以次充好。

关联法规

《消费者权益保护法》第48条

《侵害消费者权益行为处罚办法》第5条

第六条 【国家鼓励】国家鼓励推行科学的质量管理方法,采用先进的科学技术,鼓励企业产品质量达到并且超过行业标准、国家标准和国际标准。

对产品质量管理先进和产品质量达到国际先进水平、成绩显著的单位和个人,给予奖励。

条文注释

本条是关于国家对产品质量采取有关鼓励政策的规定。

有关鼓励政策包括:鼓励推行科学的质量管理方法;鼓励采用先进的科学技术;鼓励企业产品质量达到并且超过行业标准、国家标准和国际标准;奖励产品质量管理先进和产品质量达到国际先进水平、成绩显著的单位和个人等。

所谓"科学的质量管理方法",是指国际上通行采用的质量管理方法,如国际标准化组织公布的ISO 9000"质量管理和质量保证"系列标准所推荐的质量管理方法等。

"对产品质量管理先进和产品质量达到国际先进水平、成绩显著的单位和个人,给予奖励",是国家采取的一项鼓励政策,各级人民政府和有关部门可以根据实际情况具体实施。

第七条　【政府职责】各级人民政府应当把提高产品质量纳入国民经济和社会发展规划，加强对产品质量工作的统筹规划和组织领导，引导、督促生产者、销售者加强产品质量管理，提高产品质量，组织各有关部门依法采取措施，制止产品生产、销售中违反本法规定的行为，保障本法的施行。

条文注释

本条是关于各级人民政府在产品质量问题上的主要职责的规定。

《宪法》规定，国务院和县级以上地方各级人民政府分别负责编制全国和本行政区域内的国民经济和社会发展计划，报同级人民代表大会审查批准后执行。

关联法规

《宪法》第89、99条

第八条　【主管部门】国务院市场监督管理部门主管全国产品质量监督工作。国务院有关部门在各自的职责范围内负责产品质量监督工作。

县级以上地方市场监督管理部门主管本行政区域内的产品质量监督工作。县级以上地方人民政府有关部门在各自的职责范围内负责产品质量监督工作。

法律对产品质量的监督部门另有规定的，依照有关法律的规定执行。

条文注释

本条是关于我国产品质量监督管理体制的规定。

本条第1款规定中的“国务院市场监督管理部门”，按照现行的国务院机构设置，是指国家市场监督管理总局。“国务院有关部门”，是指按照国务院“三定”方案的规定，在各自的职责范围内，对产品质量负有监督职责的有关部门，包括国家发展和改革委员会、农业农村部、工业和信息化部等。

其他法律对特殊产品质量的监督部门已有规定的，应依有关特别法的规定执行。例如，按照《食品安全法》的规定，主管食品安全监督管理工作的是食品安全监督管理部门；按照《药品管理法》的规定，主管药品监督管理工作的是药品监督管理部门。因此，对食品和药品的质量监督，应分别按照《食品安全法》和《药品管理法》的规定执行。

关联法规

《食品安全法》第5、6条

《药品管理法》第8条

第九条 【工作人员职责】各级人民政府工作人员和其他国家机关工作人员不得滥用职权、玩忽职守或者徇私舞弊，包庇、放纵本地区、本系统发生的产品生产、销售中违反本法规定的行为，或者阻挠、干预依法对产品生产、销售中违反本法规定的行为进行查处。

各级地方人民政府和其他国家机关有包庇、放纵产品生产、销售中违反本法规定的行为的，依法追究其主要负责人的法律责任。

条文注释

本条是关于禁止国家机关及其工作人员包庇、放纵产品生产、销售中违反本法规定的行为的规定。

本条第1款所规范的主体，是国家机关工作人员，既包括各级人民政府及其所属各部门的工作人员，也包括各级国家权力机关、司法机关等“其他国家机关”的工作人员。“滥用职权”，是指国家机关工作人员超越职权范围，非法行使领导、指挥、管理和处理业务的权力。“玩忽职守”，是指国家机关工作人员不恪尽职守，工作马虎，严重不负责任的行为。“徇私舞弊”，是指国家机关工作人员为谋取私利，利用职务便利，明知是违法行为而对违法行为人提供便利或不履行应履行的法定义务而使违法行为人免予应受处罚的行为。“包庇、放纵本地区、本系统发生的产品生产、销售中违反本法规定的行为”，是指国家机关工作人员对违反本法规定的行为主动庇护或视而不见，纵容其发展的行为。

本条第 2 款所规范的主体，是“各级地方人民政府和其他国家机关”。

关联法规

《棉花质量监督管理条例》第 5 条

第十条　【检举和奖励】任何单位和个人有权对违反本法规定的行为，向市场监督管理部门或者其他有关部门检举。

市场监督管理部门和有关部门应当为检举人保密，并按照省、自治区、直辖市人民政府的规定给予奖励。

条文注释

本条是关于对产品质量违法行为进行检举、为检举人保密并对检举人给予奖励的规定。

任何单位和个人发现有产品质量违法行为的，都有权检举，其检举权受法律保护。检举产品质量违法行为，可以署名，也可以不署名。检举人可以向各级市场监督管理部门检举，也可以向其他有关部门检举。

关联法规

《国家质量监督检验检疫总局关于实施〈中华人民共和国产品质量法〉若干问题的意见》第 12 条

第十一条 【市场准入】任何单位和个人不得排斥非本地区或者非本系统企业生产的质量合格产品进入本地区、本系统。

条文注释

本条是关于禁止地方保护主义和部门保护主义,保证合格产品在全国市场自由流通的规定。

任何单位和个人都不得采用任何手段对合格产品搞地区封锁,包括不得以检验标准、检验方式不同为由要求重复检验;不得违法设置准入证、准销证;不得违法要求事前特许及办理其他审批手续,或采取互认等办法限制异地或不同系统的合格产品在本地区、本系统生产、销售等。

第二章 产品质量的监督

第十二条 【产品质量检验】产品质量应当检验合格,不得以不合格产品冒充合格产品。

条文注释

本条是关于产品质量检验的规定。

所谓"产品质量应当检验合格",是指产品出厂前应当经过生产者的内部质量检验部门或者检验人员的检验,产品质量应当符合相应的标准和要求。所谓"不合格产品",是指产品质量不符合本法第26条规定的要求的产品,包括处理品和劣质品。所谓处理品,是指产品质量不符合本法第26条第2款第2、3项规定的要求,但是不存在危及人体健康及人身、财产安全的危险,仍有使用价值的产品。所谓劣质品,是指产品质量不符合本法第26条规定的要求,并且存在危及人体健康及人身、财产安全的危险,或者失去合格产品应当具备的使用性能的产品。

所谓“不得以不合格产品冒充合格产品”,是指不得以处理品或者劣质品冒充合格产品。违反法律的规定,以不合格产品冒充合格产品生产、销售的,将按照本法第50条的规定追究违法行为人的法律责任。

第十三条 【产品安全】可能危及人体健康和人身、财产安全的工业产品,必须符合保障人体健康和人身、财产安全的国家标准、行业标准;未制定国家标准、行业标准的,必须符合保障人体健康和人身、财产安全的要求。

禁止生产、销售不符合保障人体健康和人身、财产安全的标准和要求的工业产品。具体管理办法由国务院规定。

条文注释

本条是关于产品必须符合保障人体健康和人身、财产安全的国家标准、行业标准及相关要求的规定。

凡属可能危及人体健康和人身、财产安全的工业产品,如电器、压力容器、易燃易爆产品、儿童玩具、医疗器械等,都必须符合保障人体健康和人身、财产安全的强制性国家标准、行业标准。依照《标准化法》的规定,保障人体健康和人身、财产安全的标准是强制性标准;对于强制性标准,必须执行。不符合强制性标准的产品,禁止生产和销售。对于尚未制定强制性的国家标准、行业标准的可能危及人体健康和人身、财产安全的工业产品,必须符合保障人体健康和人身、财产安全的要求,符合依法制定的有关地方标准。不符合保障人体健康和人身、财产安全的国家标准、行业标准的工业产品,禁止生产、销售。

关联法规

《消费者权益保护法》第7、18条

《标准化法》第10条

《工业产品生产许可证管理条例》第1、2条

第十四条 【企业质量体系认证制度和产品质量认证制度】国家根据国际通用的质量管理标准，推行企业质量体系认证制度。企业根据自愿原则可以向国务院市场监督管理部门认可的或者国务院市场监督管理部门授权的部门认可的认证机构申请企业质量体系认证。经认证合格的，由认证机构颁发企业质量体系认证证书。

国家参照国际先进的产品标准和技术要求，推行产品质量认证制度。企业根据自愿原则可以向国务院市场监督管理部门认可的或者国务院市场监督管理部门授权的部门认可的认证机构申请产品质量认证。经认证合格的，由认证机构颁发产品质量认证证书，准许企业在产品或者其包装上使用产品质量认证标志。

条文注释

本条是关于推行企业质量体系认证制度和产品质量认证制度的规定。

所谓“企业质量体系认证”，是指由国家有关部门认可的认证机构，依据认证标准，按照规定的程序，对企业的质量保证体系，包括企业的质量管理制度和企业的生产、技术条件等保证产品质量的诸因素进行全面评审，对符合要求的，颁发企业质量体系认证证书，证明企业的质量保证能力符合相应标准要求的活动。所谓“国际通用的质量管理标准”，主要是指国际标准化组织制定并已为许多国家普遍采用的ISO 9000系列国际标准。目前，这些标准已转化为我国的国家标准。

所谓“产品质量认证”，是指由依法取得产品质量认证资格的认证机构，依据有关的产品标准和要求，按照规定的程序，对申请认证的产品进行工厂审查和产品检验，对符合要求的，颁发

产品质量认证证书和产品质量认证标志,证明该项产品符合相应标准要求的活动。按照本法的规定,产品质量认证实行企业自愿的原则。

关联法规

《认证认可条例》

第十五条　【质量监督抽查】国家对产品质量实行以抽查为主要方式的监督检查制度,对可能危及人体健康和人身、财产安全的产品,影响国计民生的重要工业产品以及消费者、有关组织反映有质量问题的产品进行抽查。抽查的样品应当在市场上或者企业成品仓库内的待销产品中随机抽取。监督抽查工作由国务院市场监督管理部门规划和组织。县级以上地方市场监督管理部门在本行政区域内也可以组织监督抽查。法律对产品质量的监督检查另有规定的,依照有关法律的规定执行。

国家监督抽查的产品,地方不得另行重复抽查;上级监督抽查的产品,下级不得另行重复抽查。

根据监督抽查的需要,可以对产品进行检验。检验抽取样品的数量不得超过检验的合理需要,并不得向被检查人收取检验费用。监督抽查所需检验费用按照国务院规定列支。

生产者、销售者对抽查检验的结果有异议的,可以自收到检验结果之日起十五日内向实施监督抽查的市场监督管理部门或者其上级市场监督管理部门申请复检,由受理复检的市场监督管理部门作出复检结论。

条文注释

本条是关于国家对产品质量实行监督抽查制度的规定。

根据相关规定,国家对产品质量实行重点抽查的产品范围包括以下几种:一是可能危及人体健康和人身、财产安全的产品,包括药品、食品、电器、易燃易爆产品等;二是影响国计民生的重要工业产品,包括工业原材料、基础件,农业生产资料和重要的民用日常工业品;三是消费者和有关组织反映有质量问题的产品,包括通过消费者权益保护组织反映的发生质量问题较多的产品。

关联法规

《国家质量监督检验检疫总局关于实施〈中华人民共和国产品质量法〉若干问题的意见》第1条

第十六条 【质量监督检查配合】对依法进行的产品质量监督检查,生产者、销售者不得拒绝。

条文注释

本条是关于生产者、销售者不得拒绝行政执法机关依法进行的产品质量监督检查的规定。

需要注意的是,行政执法机关在行使产品质量监督检查职权时,应向被检查人履行告知义务,即行政执法机关应告知被检查人进行产品质量监督检查的依据、性质并出示有关证件。被检查人不理解的,应作出必要的解释,而不应简单地按拒检处理;被检查人对监督检查只是表现为不积极主动进行配合的,也不能按拒检处理。对行政执法机关违法进行的产品质量监督检查,生产者、销售者有权拒绝。

关联法规

《强制性产品认证管理规定》第36条

第十七条　【质量不合格的处理】依照本法规定进行监督抽查的产品质量不合格的，由实施监督抽查的市场监督管理部门责令其生产者、销售者限期改正。逾期不改正的，由省级以上人民政府市场监督管理部门予以公告；公告后经复查仍不合格的，责令停业，限期整顿；整顿期满后经复查产品质量仍不合格的，吊销营业执照。

监督抽查的产品有严重质量问题的，依照本法第五章的有关规定处罚。

条文注释

本条是关于监督抽查的产品质量不合格和有严重质量问题时应如何处理的规定。

根据本条第1款的规定，对依照本法规定进行监督抽查的产品质量不合格的，有以下处理方式：(1)由实施监督抽查的市场监督管理部门责令限期改正；(2)公告；(3)责令停业，限期整顿；(4)吊销营业执照。实施监督抽查的市场监督管理部门可能是国务院市场监督管理部门，也可能是县级以上地方人民政府市场监督管理部门，但对“逾期不改正”行为的公告，应由省级以上人民政府市场监督管理部门负责发布。

根据本条第2款的规定，有严重质量问题的产品，包括不符合保障人体健康和人身、财产安全的国家标准、行业标准的产品，在产品中掺杂、掺假，以假充真、以次充好的产品，国家明令淘汰的产品，失效、变质的产品等。对监督抽查中发现生产、销售上述有严重质量问题的产品的，应依照本法第5章的有关规定处罚。

关联法规

《国家质量监督检验检疫总局关于实施〈中华人民共和国产品质量法〉若干问题的意见》第1条

第十八条 【对涉嫌违法行为的查处】县级以上市场监督管理部门根据已经取得的违法嫌疑证据或者举报,对涉嫌违反本法规定的行为进行查处时,可以行使下列职权:

(一)对当事人涉嫌从事违反本法的生产、销售活动的场所实施现场检查;

(二)向当事人的法定代表人、主要负责人和其他有关人员调查、了解与涉嫌从事违反本法的生产、销售活动有关的情况;

(三)查阅、复制当事人有关的合同、发票、帐簿以及其他有关资料;

(四)对有根据认为不符合保障人体健康和人身、财产安全的国家标准、行业标准的产品或者有其他严重质量问题的产品,以及直接用于生产、销售该项产品的原辅材料、包装物、生产工具,予以查封或者扣押。

条文注释

本条是关于县级以上市场监督管理部门对当事人在产品生产、销售活动中涉嫌违反本法规定的行为可以依法实施强制检查和采取必要的行政强制措施的规定。

关于本条需要说明以下几点:一是县级以上市场监督管理部门在采取查封、扣押强制措施时,必须遵守一定的程序,如通知被执行人到场,列出查封、扣押物品的清单,由被执行人签字等。二是对查封、扣押的物品,经进一步检验,确认存在严重质量问题的,应依照本法的规定予以没收,并对违法的生产者、销售者予以处罚;构成犯罪的,应将查封、扣押的物品移送司法机关。对经检验确认不存在严重质量问题的物品,应当立即解除查封、扣押强制措施。三是当事人如果对有关行政执法机关采取的查封、扣押强制措施有异议的,可以依照《行政复议法》《行政诉讼法》的规定提出行政复议和行政诉讼。

关联法规

《国家质量监督检验检疫总局关于实施〈中华人民共和国产品质量法〉若干问题的意见》第2条

第十九条　【检验机构资格】产品质量检验机构必须具备相应的检测条件和能力，经省级以上人民政府市场监督管理部门或者其授权的部门考核合格后，方可承担产品质量检验工作。法律、行政法规对产品质量检验机构另有规定的，依照有关法律、行政法规的规定执行。

条文注释

本条是关于产品质量检验机构应具备的条件的规定。

所谓"产品质量检验机构"，是指向社会开放的，接受他人委托对有关的产品质量指标进行技术检验（包括接受有关行政执法部门的委托，对国家产品质量监督抽查的产品进行技术检验），通过检验数据出具检验结果的机构。需要说明的是，这里的产品质量检验机构不包括企业事业单位设立的只为其自身服务的产品质量检验机构。

所谓"法律、行政法规对产品质量检验机构另有规定"，是指其他有关法律、行政法规没有要求从事特定产品的质量检验机构须经市场监督管理部门或其授权的部门考核合格方可从事检验工作的，应依照其他有关法律、行政法规的规定执行。

关联法规

《食品安全法》第57条

《种子法》第47条

《化妆品监督管理条例》第49条

第二十条 【中介机构设立要求】从事产品质量检验、认证的社会中介机构必须依法设立,不得与行政机关和其他国家机关存在隶属关系或者其他利益关系。

条文注释

本条是关于从事产品质量检验、认证的社会中介机构设立要求的规定。

所谓"从事产品质量检验、认证的社会中介机构",是指不隶属于行政机关或其他组织,为社会提供产品质量检验、认证的中介服务的独立机构。这里讲的不得存在"隶属关系",是指两类中介机构不得与行政机关和其他国家机关有直接的上下级关系;"其他利益关系"主要是指经济利益关系,如两类中介机构将其收益的一部分上交给有关行政机关和其他国家机关等。

关联法规

《认证认可条例》第9条

《认证机构管理办法》第15条

第二十一条 【检验机构、认证机构的执业规则】产品质量检验机构、认证机构必须依法按照有关标准,客观、公正地出具检验结果或者认证证明。

产品质量认证机构应当依照国家规定对准许使用认证标志的产品进行认证后的跟踪检查;对不符合认证标准而使用认证标志的,要求其改正;情节严重的,取消其使用认证标志的资格。

条文注释

本条是关于产品质量检验机构、认证机构的基本执业规则和产品质量认证机构对准许使用认证标志的产品进行认证后的跟踪检查义务的规定。

所谓“产品质量检验机构”，是指县级以上人民政府市场监督管理部门依法设置和授权的为社会提供公证数据的产品质量检验机构。该机构的任务是承担产品质量的监督检验、仲裁检验等公证检验工作。处理产品质量的争议，以依法设置和授权的产品质量检验机构出具的检验数据为准。

关联法规

《认证认可条例》第21条

第二十二条　【消费者的权利】消费者有权就产品质量问题，向产品的生产者、销售者查询；向市场监督管理部门及有关部门申诉，接受申诉的部门应当负责处理。

条文注释

本条是关于消费者在产品质量问题上所享有的权利的规定。

本条具体规定了查询权和申诉权。所谓查询权，是指对产品的质量问题，消费者有权向产品的生产者、销售者查询，通过查询了解产品的质量状况，从而自主决定选购所需产品。消费者的此项查询权，受法律的保护。对消费者就产品质量问题所提出的查询，生产者、销售者有义务如实作出回答。所谓申诉权，是指消费者有权就产品质量问题向市场监督管理部门及有关部门申诉，接受申诉的部门接到消费者的申诉后，应当及时依法调查、处理，并向消费者作出答复。

消费者在产品质量上所享有的权利，并不限于查询权和申诉权两项，同时还享有法律规定的其他权利。例如，消费者因产品质量问题受到损害的，有向生产者、销售者要求赔偿的权利，有向法院起诉的权利等。

关联法规

《消费者权益保护法》第8、15、32、33、39条

《市场监督管理投诉举报处理暂行办法》

第二十三条　【保护消费者权益的社会组织的权利】保护消费者权益的社会组织可以就消费者反映的产品质量问题建议有关部门负责处理，支持消费者对因产品质量造成的损害向人民法院起诉。

条文注释

本条是关于保护消费者权益的社会组织在产品质量问题上所享有的权利的规定。

所谓“保护消费者权益的社会组织”，是指依法成立的对商品和服务进行社会监督的保护消费者合法权益的社会团体。现有的保护消费者权益的社会组织包括消费者协会和用户委员会。目前，各省、自治区、直辖市以及较大的城市均设立了消费者协会。

本条规定了保护消费者权益的社会组织在产品质量问题上所享有的两项权利：一是建议处理权。按照本条规定，保护消费者权益的社会组织可以就消费者反映的产品质量问题建议有关部门负责处理。二是支持消费者起诉权。按照本条规定，保护消费者权益的社会组织支持消费者对因产品质量造成的损害向人民法院起诉。

保护消费者权益的社会组织在产品质量问题上所享有的权利，并不限于建议处理权和支持消费者起诉权两项，其还可以根据其他法律的有关规定以及本组织章程的有关规定，发挥保护消费者合法权益的作用。

关联法规

《消费者权益保护法》第 37 条

第二十四条　【产品质量状况公告】国务院和省、自治区、直辖市人民政府的市场监督管理部门应当定期发布其监督抽查的产品的质量状况公告。

条文注释

本条是关于国务院和省、自治区、直辖市人民政府的市场监督管理部门应当定期发布其监督抽查的产品的质量状况公告的规定。

国家建立以监督抽查为主要方式的产品质量监督检查制度，由市场监督管理部门统一规划和组织，重点对可能危及人体健康和人身、财产安全的产品，影响国计民生的重要工业产品以及消费者、有关组织反映的有质量问题的产品，进行监督抽查。

关联法规

《饲料和饲料添加剂管理条例》第32条

第二十五条　【推荐禁止及经营禁止】市场监督管理部门或者其他国家机关以及产品质量检验机构不得向社会推荐生产者的产品；不得以对产品进行监制、监销等方式参与产品经营活动。

第三章　生产者、销售者的产品质量责任和义务

第一节　生产者的产品质量责任和义务

第二十六条　【生产者的产品质量责任】生产者应当对其生产的产品质量负责。

产品质量应当符合下列要求：

（一）不存在危及人身、财产安全的不合理的危险，有保障人体健康和人身、财产安全的国家标准、行业标准的，应当符合该标准；

（二）具备产品应当具备的使用性能，但是，对产品存在使用性能的瑕疵作出说明的除外；

（三）符合在产品或者其包装上注明采用的产品标准，符合以产品说明、实物样品等方式表明的质量状况。

条文注释

本条是关于生产者对其生产的产品质量负责以及产品质量应当符合的法定要求的规定。

本条第1款规定了生产者对其生产的产品质量负责，其包括两方面的含义：一是指生产者必须严格履行其保证产品质量的法定义务；二是指生产者不履行或不完全履行其保证产品质量的法定义务时，必须依法承担相应的产品质量责任。所谓生产者保证产品质量的法定义务，是指生产者必须依照法律的规定，为保证其生产的产品的质量，必须作出一定行为或者不得作出一定行为。所谓生产者的产品质量责任，是指生产者违反国家有关产品质量的法律、法规的规定，不履行或者不完全履行法定的产品质量义务时所应当承担的法律后果。

本条第2款规定了生产者应当保证其生产的产品符合的相关要求。

关联法规

《国家质量监督检验检疫总局关于实施〈中华人民共和国产品质量法〉若干问题的意见》

《最高人民法院、最高人民检察院关于办理生产、销售伪劣商品刑事案件具体应用法律若干问题的解释》

第二十七条　【标识要求】产品或者其包装上的标识必须真实，并符合下列要求：

（一）有产品质量检验合格证明；

（二）有中文标明的产品名称、生产厂厂名和厂址；

（三）根据产品的特点和使用要求，需要标明产品规格、等级、所含主要成份的名称和含量的，用中文相应予以标明；需要事先让消费者知晓的，应当在外包装上标明，或者预先向消费者提供有关资料；

（四）限期使用的产品，应当在显著位置清晰地标明生产日期和安全使用期或者失效日期；

（五）使用不当，容易造成产品本身损坏或者可能危及人身、财产安全的产品，应当有警示标志或者中文警示说明。

裸装的食品和其他根据产品的特点难以附加标识的裸装产品，可以不附加产品标识。

条文注释

本条是关于产品或者其包装上的标识所应当符合的要求的规定。

所谓产品包装，是指在产品运输、储存、销售等流通过程中，为保护产品、促进销售，按照一定的技术方法采用容器、材料和附着物对产品进行包装，并在包装物上附加有关标识而进行的操作活动的总称。所谓产品标识，是指用于识别产品或其特征、特性所作的各种标志的统称。产品标识可以用文字、符号、标志、标记、数字、图案等进行标志。产品标识由生产者提供，其主要作用是表明产品的有关信息，帮助消费者了解产品的质量状况，说明产品的正确使用、保养方法，指导消费。

关联法规

《化妆品标识管理规定》第15条

《国家质量监督检验检疫总局关于实施〈中华人民共和国产品质量法〉若干问题的意见》第4条

第二十八条　【特殊产品包装要求】易碎、易燃、易爆、有毒、有腐蚀性、有放射性等危险物品以及储运中不能倒置和其他有特殊要求的产品，其包装质量必须符合相应要求，依照国家有关规定作出警示标志或者中文警示说明，标明储运注意事项。

条文注释

本条是关于特殊产品的包装要求的规定。

危险物品、储运中不能倒置的产品和其他有特殊要求的产品属于特殊产品。特殊产品的种类具体包括：易碎品，如玻璃及玻璃制品、陶瓷等；易燃、易爆品，如酒精、汽油、炸药、雷管、鞭炮等；剧毒品，如农药等；储运中不能倒置的产品，如电冰箱、装有液体的包装容器等；其他有特殊要求的产品，如古董、古玩、艺术品、工艺品等。产品包装具有如下作用：一是对被包装产品进行保护；二是通过产品包装上的标识明确地告知仓储者、运输者、销售者以及消费者有关该产品的诸多信息。

所谓产品的"包装质量必须符合相应要求"，是指产品的包装必须符合国家法律、法规、规章、标准以及规范性文件规定的包装要求，保证产品的仓储者、运输者、销售者、消费者等的人身和财产安全，防止产品损坏，在产品包装上标注相应的产品标识。

关联法规

《危险化学品安全管理条例》第17条

《使用有毒物品作业场所劳动保护条例》第23条

第二十九条　【不得生产淘汰产品】生产者不得生产国家明令淘汰的产品。

条文注释

本条是关于生产者不得生产国家明令淘汰的产品的规定。

所谓"国家明令淘汰的产品",是指国家行政机关按照一定的程序,采用行政的措施,对涉及耗能高、技术落后、污染环境、危及人体健康等方面的因素,宣布不得继续生产、销售、使用的产品。

第三十条　【不得伪造产地、厂名、厂址】生产者不得伪造产地,不得伪造或者冒用他人的厂名、厂址。

条文注释

本条是关于生产者不得伪造产地,不得伪造或者冒用他人的厂名、厂址的规定。

所谓"伪造产地",是指在甲地生产,而标注乙地地名的欺骗行为。所谓"伪造"厂名、厂址,是指生产者捏造、编造不真实的厂名和厂址。所谓"冒用他人的厂名、厂址",是指生产者非法使用他人的厂名和厂址。

关联法规

《化妆品标识管理规定》第25条

《侵害消费者权益行为处罚办法》第5条

第三十一条　【不得伪造、冒用质量标志】生产者不得伪造或者冒用认证标志等质量标志。

条文注释

本条是关于生产者不得伪造或者冒用认证标志等质量标志的规定。

所谓"质量标志",是指有关主管部门或者组织,按照规定的程序颁发给企业,用以表明该企业生产的产品的质量达到相应水平的证明标志。

本条所禁止的行为包括两种,即伪造认证标志等质量标志和冒用认证标志等质量标志。前者是指非法制作、编造实际上并不存在的质量标志;后者是指未取得认证标志等质量标志而谎称取得,并擅自使用相应的质量标志。根据本条规定,伪造、冒用认证标志等质量标志的行为是法律所禁止的。

关联法规

《乳品质量安全监督管理条例》第41条

《侵害消费者权益行为处罚办法》第5条

第三十二条 【生产产品的禁止性规定】生产者生产产品,不得掺杂、掺假,不得以假充真、以次充好,不得以不合格产品冒充合格产品。

条文注释

本条是关于生产者生产产品的三项禁止性规定。

所谓"掺杂、掺假",是指行为人在产品中掺入杂质或者造假,致使产品有关物质的成份或者含量不符合国家有关法律、法规、标准规定要求的欺骗行为。

所谓"以假充真",是指以甲产品冒充与其特性不同的乙产品的欺骗行为。

所谓"以次充好",是指以低等级、低档次的产品冒充高等级、高档次的产品的欺骗行为。

所谓"合格产品",对于有国家强制性标准的产品来说,是指符合国家强制性标准的产品;对于没有国家强制性标准的产品来说,是指符合产品包装上明确标注所采用的标准的产品。

关联法规

《刑法》第140条

第二节　销售者的产品质量责任和义务

第三十三条　【进货检查验收】销售者应当建立并执行进货检查验收制度，验明产品合格证明和其他标识。

条文注释

本条是关于销售者应当建立并执行进货检查验收制度的规定。

所谓“进货检查验收制度”，是指销售者根据国家有关规定以及同生产者或其他供货者之间订立的合同的约定，对购进的产品质量进行检查，对符合合同约定的产品予以验收的制度。进货检查验收包括产品标识检查、产品感观检查和必要的产品内在质量的检验。

关联法规

《民法典》第620条

《食品安全法》第53条

《药品管理法》第56、70条

第三十四条　【产品质量保持】销售者应当采取措施，保持销售产品的质量。

条文注释

本条是关于销售者应当采取措施，保持销售产品的质量的规定。

所谓“采取措施”，是指销售者应当根据产品的不同特点，采取必要的方式,对产品进行保管,以保持销售产品的质量。对某些特殊产品(如药品、食品等)的保管,应采取控制温度、防雨、通风、防晒、防霉变等措施,保持进货时的产品质量状况。另外,采取措施还包括配置必要的设备和设施。

所谓"保持销售产品的质量",是指销售者通过采取一系列保管措施,使销售产品的质量基本保持着进货时的质量状况。

关联法规

《食品安全法》第54、56条

《乳品质量安全监督管理条例》第39条

第三十五条 【不得销售的产品】销售者不得销售国家明令淘汰并停止销售的产品和失效、变质的产品。

条文注释

本条是关于销售者不得销售国家明令淘汰并停止销售的产品和失效、变质的产品的规定。

所谓"明令淘汰",是指国务院及其有关部门通过颁布决定、命令的形式,公开淘汰某项产品或者某项产品的某个型号。

所谓"失效",是指产品失去了本来应当具有的效果、作用。

所谓"变质",是指产品的内在质量发生了本质性的物理、化学变化,失去了产品应当具备的使用价值。

关联法规

《乡镇企业法》第33条

《农业法》第25条

第三十六条 【标识要求】销售者销售的产品的标识应当符合本法第二十七条的规定。

条文注释

本条是关于销售者销售的产品的标识应当符合法律规定的

要求的规定。

按照本法第27条的规定，产品或者其包装上的标识应当有产品质量检验合格证明；有中文标明的产品名称、生产厂厂名和厂址；根据产品的特点和使用要求，需要标明产品规格、等级、所含主要成份的名称和含量的，用中文相应予以标明（需要事先让消费者知晓的，应当在外包装上标明，或者预先向消费者提供有关资料）；限期使用的产品，应当在显著位置清晰地标明生产日期和安全使用期或者失效日期；使用不当，容易造成产品本身损坏或者可能危及人身、财产安全的产品，应当有警示标志或者中文警示说明。

第三十七条　【不得伪造产地、厂名、厂址】销售者不得伪造产地，不得伪造或者冒用他人的厂名、厂址。

条文注释

本条是关于销售者不得伪造产地，不得伪造或者冒用他人的厂名、厂址的规定。

所谓“伪造产地”，是指销售者对产品原有的标识进行篡改或者变造，即在产品或者包装上标注虚假的产地。所谓伪造厂名、厂址，是指在产品或其包装上标注虚假的、根本不存在的厂名、厂址。所谓“冒用他人的厂名、厂址”，是指未经他人许可而擅自使用他人的厂名、厂址。

关联法规

《乡镇企业法》第34条

《乳品质量安全监督管理条例》第41条

第三十八条　【不得伪造、冒用质量标志】销售者不得伪造或者冒用认证标志等质量标志。

条文注释

本条是关于销售者不得伪造或者冒用认证标志等质量标志的规定。

所谓"质量标志",是指有关主管部门或者组织,按照规定的程序颁发给企业,用以表明该企业生产的产品的质量达到相应水平的证明标志。

本条所禁止的行为包括两种,即伪造认证标志等质量标志和冒用认证标志等质量标志。前者是指非法制作、编造实际上并不存在的质量标志;后者是指未取得认证标志等质量标志而谎称取得,并擅自使用相应的质量标志。根据本条规定,伪造、冒用认证标志等质量标志的行为是法律所禁止的。

关联法规

《乡镇企业法》第 34 条

《乳品质量安全监督管理条例》第 41 条

第三十九条 【销售产品的禁止性规定】销售者销售产品,不得掺杂、掺假,不得以假充真、以次充好,不得以不合格产品冒充合格产品。

关联法规

《刑法》第 140 条

第四章 损害赔偿

第四十条 【销售者产品合同责任】售出的产品有下列情形之一的,销售者应当负责修理、更换、退货;给购买产品的消费者造成损失的,销售者应当赔偿损失:

(一)不具备产品应当具备的使用性能而事先未作说明的;

(二)不符合在产品或者其包装上注明采用的产品标准的;

(三)不符合以产品说明、实物样品等方式表明的质量状况的。

销售者依照前款规定负责修理、更换、退货、赔偿损失后,属于生产者的责任或者属于向销售者提供产品的其他销售者(以下简称供货者)的责任的,销售者有权向生产者、供货者追偿。

销售者未按照第一款规定给予修理、更换、退货或者赔偿损失的,由市场监督管理部门责令改正。

生产者之间,销售者之间,生产者与销售者之间订立的买卖合同、承揽合同有不同约定的,合同当事人按照合同约定执行。

条文注释

本条是关于销售者承担产品合同责任(产品瑕疵担保责任)的规定。

售出的产品,只要具有本条第1款第1、2、3项规定条件之一的,销售者就应当承担产品瑕疵担保责任。销售者承担的产品瑕疵担保责任包括:对售出的不合格产品负责修理、更换、退货;给产品购买人造成损失(如运输费、交通费、误工费等)的,赔偿相应的损失。

本条第2款规定了销售者先行承担产品瑕疵担保责任之后,享有向负有责任的生产者、供货者追偿的权利。但是,按照本条第4款的规定,如果生产者之间,销售者之间,生产者与销售者之间订立的买卖合同、承揽合同有不同约定的,合同当事人应当按照合同约定执行。

关联法规

《消费者权益保护法》第48条

第四十一条 【生产者责任承担情形】因产品存在缺陷造成人身、缺陷产品以外的其他财产(以下简称他人财产)损害的,生产者应当承担赔偿责任。

生产者能够证明有下列情形之一的,不承担赔偿责任:

(一)未将产品投入流通的;

(二)产品投入流通时,引起损害的缺陷尚不存在的;

(三)将产品投入流通时的科学技术水平尚不能发现缺陷的存在的。

条文注释

本条是关于生产者承担产品侵权损害赔偿责任和免责条件的规定。

因产品存在缺陷造成人身、缺陷产品以外的其他财产损害的,表明了产品侵权损害赔偿责任的三个要件:产品存在缺陷;造成了人身伤害或者除缺陷产品以外的其他财产的损失;缺陷与损害存在因果关系。此规定体现了生产者承担产品侵权损害赔偿责任实行严格责任的归责原则。

“生产者能够证明有下列情形之一的,不承担赔偿责任”,

是指生产者对免除责任的条件,负有提供证据的责任。如果生产者不能有效地证明免责条件,则不能免除生产者的赔偿责任。此规定体现了举证责任倒置的原则。

"未将产品投入流通",是指产品未出厂销售。"将产品投入流通时的科学技术水平尚不能发现缺陷的存在",指的是发展中的风险。判定是否属于发展中的风险,以当时社会的科学技术水平为依据。

关联法规

《民法典》第1205条

《消费者权益保护法》第40条

第四十二条 【销售者责任承担情形】由于销售者的过错使产品存在缺陷,造成人身、他人财产损害的,销售者应当承担赔偿责任。

销售者不能指明缺陷产品的生产者也不能指明缺陷产品的供货者的,销售者应当承担赔偿责任。

条文注释

本条是关于销售者承担产品侵权损害赔偿责任的规定。

销售者承担产品侵权损害赔偿责任实行过错责任的归责原则。若产品缺陷是由销售者造成的,那么,销售者就应该承担产品侵权损害赔偿责任。销售者不能指明造成损害的缺陷产品的生产者,也不能指明造成损害的缺陷产品的供货者的,如销售匿名产品造成损害,则销售者承担产品侵权损害赔偿责任。销售者对自身没有过错,负有举证责任。

关联法规

《民法典》第1205条

《消费者权益保护法》第40条

第四十三条　【产品损害赔偿责任的承担】因产品存在缺陷造成人身、他人财产损害的，受害人可以向产品的生产者要求赔偿，也可以向产品的销售者要求赔偿。属于产品的生产者的责任，产品的销售者赔偿的，产品的销售者有权向产品的生产者追偿。属于产品的销售者的责任，产品的生产者赔偿的，产品的生产者有权向产品的销售者追偿。

条文注释

本条是关于受害人有权要求产品侵权损害赔偿和先行赔偿人有权向负有责任的人追偿的规定。

所谓"受害人"，是指因产品存在缺陷，遭受人身伤害或者财产损失之后，有权要求获得产品侵权损害赔偿的人，亦称为权利主体，包括公民、法人和社会组织。受害人因产品缺陷遭受人身伤害、财产损失之后，可以向该产品的生产者或者销售者的任何一方提出产品侵权损害赔偿的要求，享有索赔对象的选择权利。

所谓"追偿"，是指缺陷产品的生产者或者销售者先行承担产品侵权损害赔偿责任之后，有权向负有责任的人追要所支付的赔偿。

关联法规

《民法典》第 1203 条

《消费者权益保护法》第 40 条

第四十四条　【赔偿范围】因产品存在缺陷造成受害人人身伤害的，侵害人应当赔偿医疗费、治疗期间的护理费、因误工减少的收入等费用；造成残疾的，还应当支付残疾者生活自助具费、生活补助费、残疾赔偿金以及由其扶养的人所必需的生活费等费用；造成受害人死亡的，并应当支付丧葬费、死亡赔偿金以及由死者生前扶养的人所必需的生活费等费用。

因产品存在缺陷造成受害人财产损失的，侵害人应当恢复原状或者折价赔偿。受害人因此遭受其他重大损失的，侵害人应当赔偿损失。

条文注释

本条是关于产品侵权损害赔偿范围的规定。

所谓"人身伤害"，包括人的肢体损伤、残疾、灭失以及造成身体疾病、死亡等。所谓"侵害人"，是指对因产品缺陷造成他人人身伤害、财产损失负有产品侵权损害赔偿责任的人，亦称为责任主体，包括缺陷产品的生产者、销售者、供货者。所谓"财产损失"，是指除缺陷产品之外的其他财产的灭失、损毁或者功能的丧失、使用价值的降低等。所谓"折价赔偿"，是指按照现行价格对遭受损害的财产折算成货币进行赔偿。所谓"其他重大损失"，是指其他经济等方面的损失，含可得经济利益的损失。

关联法规

《民法典》第1179条

《消费者权益保护法》第49条

第四十五条　【诉讼时效】因产品存在缺陷造成损害要求赔偿的诉讼时效期间为二年，自当事人知道或者应当知道其权益受到损害时起计算。

因产品存在缺陷造成损害要求赔偿的请求权，在造成损害的缺陷产品交付最初消费者满十年丧失；但是，尚未超过明示的安全使用期的除外。

条文注释

本条是关于产品侵权损害赔偿的诉讼时效期间和请求权期间的规定。

产品侵权损害赔偿的诉讼时效期间为二年，自受害人知道或者应当知道缺陷产品造成损害之日起计算，超过二年诉讼时效期间，受害人便丧失了诉权。产品侵权损害要求赔偿的请求权期间为十年，自该造成损害的缺陷产品交付第一个用户或者交付第一个消费者之日起计算，满十年丧失赔偿请求权。

所谓“尚未超过明示的安全使用期的除外”，是指产品明示的安全使用期超过十年的，请求权期间适用明示的安全使用期。

关联法规

《民法典》第188条

第四十六条　【缺陷的含义】本法所称缺陷，是指产品存在危及人身、他人财产安全的不合理的危险；产品有保障人体健康和人身、财产安全的国家标准、行业标准的，是指不符合该标准。

条文注释

本条是关于产品缺陷的含义的规定。

所谓产品缺陷，是指产品存在危及人体健康和人身、财产安全的不合理的危险。产品缺陷包括设计上的缺陷、制造上的缺陷和告知上的缺陷。

产品不符合保障人体健康和人身、财产安全的国家标准、行业标准中的安全、卫生要求的，则该产品存在缺陷。产品不符合社会普遍公认的安全性的，亦可认为该产品存在缺陷。

第四十七条　【产品质量民事纠纷处理】因产品质量发生民事纠纷时，当事人可以通过协商或者调解解决。当事人不愿通过协商、调解解决或者协商、调解不成的，可以根据当事人各方的协议向仲裁机构申请仲裁；当事人各方没有达成仲裁协议或者仲裁协议无效的，可以直接向人民法院起诉。

条文注释

本条是关于产品质量民事纠纷处理的规定。

处理产品质量民事纠纷有四种途径，即协商、调解、协议仲裁和诉讼，当事人可以自由选择。所谓“可以根据当事人各方的协议向仲裁机构申请仲裁”，是指当事人可以根据纠纷发生之前或者纠纷发生之后达成的仲裁协议，向产品质量仲裁机构申请裁决。

如果该质量损害行为触犯了我国刑事法律和行政法律的有关规定，则应按本法及有关法律的规定追究有关当事人的刑事责任和行政责任。

关联法规

《消费者权益保护法》第39、40条

第四十八条　【委托质检】仲裁机构或者人民法院可以委托本法第十九条规定的产品质量检验机构，对有关产品质量进行检验。

条文注释

本条是关于仲裁机构和人民法院可以委托有关产品质量检验机构对有争议的产品进行质量检验的规定。

仲裁机构和人民法院可以委托的对存在争议的产品质量进行检验的机构，应当具备以下条件：(1)按照本法或其他有关法律、行政法规的规定，经市场监督管理部门或者其授权的部门考核合格，具有承担产品质量检验资格的机构；(2)具备与所要检验、鉴定的特定产品的检测要求相适应的检测条件和能力，包括有相应的设备和技术人员。有检验资格，但不具备所要检测的特定产品所要求的检测条件和能力的，仲裁机构和人民法院不应委托其检验。

此外，仲裁机构和人民法院在委托某一检验机构进行检验时，应回避与产品质量纠纷有关各方有利害关系的检验机构，以做到公平、公正。

第五章　罚　　则

第四十九条　【违反安全标准规定的处理】生产、销售不符合保障人体健康和人身、财产安全的国家标准、行业标准的产品的，责令停止生产、销售，没收违法生产、销售的产品，并处违法生产、销售产品(包括已售出和未售出的产品，下同)货值金额等值以上三倍以下的罚款；有违法所得的，并处没收违法所得；情节严重的，吊销营业执照；构成犯罪的，依法追究刑事责任。

条文注释

本条是关于对生产、销售不符合保障人体健康和人身、财产安全的国家标准、行业标准的产品的处理规定。

违法生产的产品，是指违反本法有关规定生产的所有产品，包括尚未出厂的产品和已经出厂的产品。违法销售的产品，是指违反本法有关规定用于销售的所有产品，包括尚未销售的产品和已经售出的产品。

关联法规

《刑法》第141～148条

《国家质量监督检验检疫总局关于实施〈中华人民共和国产品质量法〉若干问题的意见》第2、5、6条

第五十条　【掺假等的处理】在产品中掺杂、掺假，以假充真，以次充好，或者以不合格产品冒充合格产品的，责令停止生产、销售，没收违法生产、销售的产品，并处违法生产、销售产品货值金额百分之五十以上三倍以下的罚款；有违法所得的，并处没收违法所得；情节严重的，吊销营业执照；构成犯罪的，依法追究刑事责任。

条文注释

本条是关于在产品中掺杂、掺假，以假充真，以次充好，或者以不合格产品冒充合格产品的法律责任的规定。

所谓"掺杂、掺假"，是指行为人以牟取非法利益为目的，故意在产品中掺入降低产品质量、影响产品正常使用性能的异物的一种质量违法行为。所谓"以假充真"，是指行为人用一种产品冒充与其特征和特性不同的另一种产品，以欺骗的手段牟取非法利润，损害消费者合法权益的一种违法行为。所谓"以次充好"，是指行为人以低档次、低等级的产品冒充高档次、高等级的产品，或者用废旧的、质量低劣的产品冒充全新的、质量较高的产品。所谓"不合格产品"，是指产品质量不符合国家有关法律、法规规定的要求，或者不符合明示采用的产品标准、产品说明、实物样品或者以其他方式表明的质量状况的产品。不合格产品包括劣质品和处理品两类。所谓"以不合格产品冒充合格产品"，是指将不合格产品进行伪装，充当合格产品的违法行为。

需要指出的是，如果在产品的生产、销售中实施掺杂、掺假，

以假充真,以次充好或者以不合格产品冒充合格产品的违法行为,使生产、销售的产品不符合保障人体健康和人身、财产安全的标准的,应当依照本法第49条的规定追究其法律责任。

关联法规

《刑法》第140条

《国家质量监督检验检疫总局关于实施〈中华人民共和国产品质量法〉若干问题的意见》第2、5条

第五十一条 【生产、销售明令淘汰产品的处理】生产国家明令淘汰的产品的,销售国家明令淘汰并停止销售的产品的,责令停止生产、销售,没收违法生产、销售的产品,并处违法生产、销售产品货值金额等值以下的罚款;有违法所得的,并处没收违法所得;情节严重的,吊销营业执照。

条文注释

本条是关于生产、销售国家明令淘汰的产品应承担的行政责任的规定。

依照本法第29条的规定,生产者不得生产国家明令淘汰的产品。本法第35条中也规定,销售者不得销售国家明令淘汰并停止销售的产品。所谓"国家明令淘汰的产品",是指国家行政机关按照一定的程序,采用行政的措施,对涉及耗能高、技术落后、污染环境、危及人体健康等方面的因素,宣布不得继续生产、销售、使用的产品。

关联法规

《国家质量监督检验检疫总局关于实施〈中华人民共和国产品质量法〉若干问题的意见》第2、5条

第五十二条　【销售失效、变质产品的处理】销售失效、变质的产品的，责令停止销售，没收违法销售的产品，并处违法销售产品货值金额二倍以下的罚款；有违法所得的，并处没收违法所得；情节严重的，吊销营业执照；构成犯罪的，依法追究刑事责任。

条文注释

本条是关于销售失效、变质产品的法律责任的规定。

本法第35条中规定，销售者不得销售失效、变质的产品。这是法律对销售者规定的产品质量义务，销售者如果违反了这一产品质量义务，就要承担相应的产品质量责任。

所谓“失效”，是指产品失去了本来应当具有的效力、作用。所谓“变质”，是指产品的内在质量发生了本质性的物理、化学变化，失去了产品应当具有的使用价值。

关联法规

《刑法》第141～148条

《国家质量监督检验检疫总局关于实施〈中华人民共和国产品质量法〉若干问题的意见》第2、5条

第五十三条　【伪造产地、厂名、厂址的处理】伪造产品产地的，伪造或者冒用他人厂名、厂址的，伪造或者冒用认证标志等质量标志的，责令改正，没收违法生产、销售的产品，并处违法生产、销售产品货值金额等值以下的罚款；有违法所得的，并处没收违法所得；情节严重的，吊销营业执照。

关联法规

《消费者权益保护法》第56条

《国家质量监督检验检疫总局关于实施〈中华人民共和国产品质量法〉若干问题的意见》第2、5条

《产品防伪监督管理办法》

第五十四条　【标识不合格的处理】产品标识不符合本法第二十七条规定的，责令改正；有包装的产品标识不符合本法第二十七条第(四)项、第(五)项规定，情节严重的，责令停止生产、销售，并处违法生产、销售产品货值金额百分之三十以下的罚款；有违法所得的，并处没收违法所得。

条文注释

本条是关于产品标识不符合规定的要求应承担的行政责任的规定。

本条关于产品标识的行政处罚，应当根据对标识的不同要求以及情节的轻重，依据本法和有关行政法规的规定执行。

所谓“违法所得”，是指生产、销售不符合本法第 27 条第 4、5 项规定的产品所获得的违法收入，对此违法收入应当予以没收，上缴国库。

关联法规

《国家质量监督检验检疫总局关于实施〈中华人民共和国产品质量法〉若干问题的意见》第 4 条

第五十五条　【从轻、减轻情形】销售者销售本法第四十九条至第五十三条规定禁止销售的产品，有充分证据证明其不知道该产品为禁止销售的产品并如实说明其进货来源的，可以从轻或者减轻处罚。

条文注释

本条是关于对销售者从轻或者减轻处罚的情形的规定。

所谓“充分”，是指销售者所举证据达到足以使人相信其确实不知道所销售的产品为禁止销售的产品的程度。另外，销售者还要如实说明其进货来源。所谓“从轻”处罚，是指在行政处罚的法定种类和法定幅度内,适用较轻的种类或者处罚的下限。所谓“减轻”处罚,是指适用行政处罚的法定最低限度以下的处罚。

关联法规

《国家质量监督检验检疫总局关于实施〈中华人民共和国产品质量法〉若干问题的意见》第5条

第五十六条 【拒检处理】拒绝接受依法进行的产品质量监督检查的,给予警告,责令改正;拒不改正的,责令停业整顿;情节特别严重的,吊销营业执照。

条文注释

本条是关于生产者、销售者拒绝接受依法进行的产品质量监督检查的法律责任的规定。

本法第16条规定,“对依法进行的产品质量监督检查,生产者、销售者不得拒绝”。这一规定是对生产者、销售者的强制性要求,生产者、销售者违反这一要求,就要依照本条的规定承担法律责任。

关联法规

《产品质量监督抽查管理暂行办法》

第五十七条 【伪造检验证明的处理】产品质量检验机构、认证机构伪造检验结果或者出具虚假证明的,责令改正,对单位处五万元以上十万元以下的罚款,对直接负责的主管人员和其他直接责任人员处一万元以上五万元以下的罚款;有违法所得的,并处没收违法所得;情节严重的,取消其检验资格、认证资格;构成犯罪的,依法追究刑事责任。

产品质量检验机构、认证机构出具的检验结果或者证明不实，造成损失的，应当承担相应的赔偿责任；造成重大损失的，撤销其检验资格、认证资格。

产品质量认证机构违反本法第二十一条第二款的规定，对不符合认证标准而使用认证标志的产品，未依法要求其改正或者取消其使用认证标志资格的，对因产品不符合认证标准给消费者造成的损失，与产品的生产者、销售者承担连带责任；情节严重的，撤销其认证资格。

条文注释

本条共分3款，分别对产品质量检验机构、认证机构伪造检验结果或者出具虚假证明；出具的检验结果或者证明不实；对不符合认证标准而使用认证标志的产品，未依法要求其改正或者取消其使用认证标志资格所应当承担的法律责任作出了规定。

本条第1款规定了产品质量检验机构、认证机构伪造检验结果或者出具虚假证明应当承担的法律责任。本条第2款规定了产品质量检验机构、认证机构出具的检验结果或者证明不实，造成损失的，应当承担的法律责任。本条第3款规定了产品质量认证机构对不符合认证标准而使用认证标志的产品，未依法要求其改正或者取消其使用认证标志资格应当承担的法律责任。

关联法规

《刑法》第229条

《产品防伪监督管理办法》

第五十八条　【团体、中介机构的连带责任】社会团体、社会中介机构对产品质量作出承诺、保证，而该产品又不符合其承诺、保证的质量要求，给消费者造成损失的，与产品的生产者、销售者承担连带责任。

条文注释

本条是关于社会团体、社会中介机构对产品质量作出的承诺、保证不实应承担的法律责任的规定。

连带赔偿责任是民事赔偿责任的一种承担方式，消费者因社会团体、社会中介机构对产品的承诺、保证不实而受到的损失，可以直接向作出承诺、保证的社会团体、社会中介机构请求赔偿，也可以直接向该产品的生产者、销售者请求赔偿，具体向哪一方请求赔偿，由消费者自行选择。作出承诺、保证的社会团体、社会中介机构或者产品的生产者、销售者均应根据消费者的请求，赔偿消费者的全部损失。

关联法规

《消费者权益保护法》第44、45条

第五十九条 【广告误导处理】在广告中对产品质量作虚假宣传，欺骗和误导消费者的，依照《中华人民共和国广告法》的规定追究法律责任。

条文注释

本条是关于在广告中对产品质量作虚假宣传的行为人的法律责任的规定。

《广告法》第28条对虚假广告作了规定："广告以虚假或者引人误解的内容欺骗、误导消费者的，构成虚假广告。广告有下列情形之一的，为虚假广告：（一）商品或者服务不存在的；（二）商品的性能、功能、产地、用途、质量、规格、成分、价格、生产者、有效期限、销售状况、曾获荣誉等信息，或者服务的内容、提供者、形式、质量、价格、销售状况、曾获荣誉等信息，以及与商品或者服务有关的允诺等信息与实际情况不符，对购买行为有实质性影响的；（三）使用虚构、伪造或者无法验证的科研成果、统计资料、调查结果、文摘、引用语等信息作证明材料的；（四）虚构使用商品或者接受服务的效果的;(五)以虚假或者引人误解的内容欺骗、误导消费者的其他情形。"《广告法》第55条规定了发布虚假广告的行政处罚,第56条规定了发布虚假广告的民事责任的赔偿主体。任何单位和个人,在广告中对产品质量作虚假宣传的,应根据上述《广告法》的规定承担责任。

关联法规

《电子商务法》第17条

《反不正当竞争法》第20条

《消费者权益保护法》第45条

《刑法》第222条

第六十条 【对禁止生产产品的原辅材料、包装物、生产工具的没收】对生产者专门用于生产本法第四十九条、第五十一条所列的产品或者以假充真的产品的原辅材料、包装物、生产工具,应当予以没收。

条文注释

本条是关于对生产者专门用于生产本法禁止生产的产品的原辅材料、包装物、生产工具应当如何处理的规定。

本法第49条和第51条所列的产品包括:不符合保障人体健康和人身、财产安全的国家标准、行业标准的产品;国家明令淘汰的产品。这些产品与以假充真的产品都属于本法规定禁止生产、销售的产品。对这些产品应当依法予以处理。但是,要解决专门生产伪劣产品的窝点、"造假专业户"彻底清除难的问题,需要对制造这些产品的原辅材料、包装物、生产工具予以没收。因此,本条对此作出强制性规定,即"对生产者专门用于生产本法第四十九条、第五十一条所列的产品或者以假充真的产品的原辅材料、包装物、生产工具,应当予以没收",之后再按照国家有关规定进行销毁或者采取其他方式进行处理。

第六十一条　【非法运输、保管、仓储的处理】知道或者应当知道属于本法规定禁止生产、销售的产品而为其提供运输、保管、仓储等便利条件的，或者为以假充真的产品提供制假生产技术的，没收全部运输、保管、仓储或者提供制假生产技术的收入，并处违法收入百分之五十以上三倍以下的罚款；构成犯罪的，依法追究刑事责任。

条文注释

本条是关于知道或者应当知道属于本法规定禁止生产、销售的产品而为其提供便利条件或者提供制假生产技术所应当承担的法律责任的规定。

之所以作此规定，是考虑到为产品提供运输、保管、仓储服务的人，并非都知道其所承运、保管、仓储的产品的质量状况，对此要区别对待。另外，目前还存在为以假充真的产品提供制假生产技术的现象，法律对此也作出了禁止性规定。

关联法规

《安全生产违法行为行政处罚办法》第50条

第六十二条　【将禁止销售的产品用于经营性服务的处理】服务业的经营者将本法第四十九条至第五十二条规定禁止销售的产品用于经营性服务的，责令停止使用；对知道或者应当知道所使用的产品属于本法规定禁止销售的产品的，按照违法使用的产品（包括已使用和尚未使用的产品）的货值金额，依照本法对销售者的处罚规定处罚。

条文注释

本条是关于服务业的经营者将本法规定的禁止销售的产品用于经营性服务所应承担的行政责任的规定。

服务业的经营者将产品用于经营性服务，实际上是一种变相销售产品的行为。因此，服务业的经营者将本法规定的禁止销售的产品用于经营性服务的，应依照本法对销售者的处罚规定对其进行处罚。

这里所说的“货值金额”，应根据本法第72条的规定计算，即“以违法生产、销售产品的标价计算；没有标价的，按照同类产品的市场价格计算”。

关联法规

《国家质量监督检验检疫总局关于实施〈中华人民共和国产品质量法〉若干问题的意见》第2、5、9条

第六十三条 【封、押物品隐、转、卖、毁的处理】隐匿、转移、变卖、损毁被市场监督管理部门查封、扣押的物品的，处被隐匿、转移、变卖、损毁物品货值金额等值以上三倍以下的罚款；有违法所得的，并处没收违法所得。

条文注释

本条是关于对隐匿、转移、变卖、损毁被市场监督管理部门查封、扣押的物品的行为，追究法律责任的规定。

这里所说的“货值金额”，应根据本法第72条的规定计算，即“以违法生产、销售产品的标价计算；没有标价的，按照同类产品的市场价格计算”。

这里所说的“违法所得”，是指行为人通过隐匿、转移、变卖、损毁被市场监督管理部门查封、扣押的物品而获得的金钱及其他财物。根据本条规定，对这些金钱及其他财物应当予以没收。

关联法规

《治安管理处罚法》第60条

第六十四条 【民事赔偿优先】违反本法规定，应当承担民事赔偿责任和缴纳罚款、罚金，其财产不足以同时支付时，先承担民事赔偿责任。

条文注释

本条是关于民事赔偿和缴纳罚款、罚金的承担顺序的规定。

产品质量违法行为，损害的主要是消费者的利益，主要后果是造成了消费者的人身和财产损失。法律对产品质量违法行为人规定了行政责任和刑事责任，其主要目的在于制止违法行为，保护消费者的合法权益。另外，民事赔偿和罚款、罚金的一个重要区别就是，民事赔偿是对受害人损失的弥补，而罚款和罚金是对侵害人的惩罚。根据法律的一般原理，违法行为发生后，法律的最主要目的是恢复原状，即恢复到违法行为没有发生前的状况；在有损害发生的情况下，法律的最主要目的是弥补受害人的损失，对侵害人进行惩罚。因此，产品质量违法行为发生后，违法行为人同时承担民事赔偿责任和缴纳罚款、罚金的责任，当其财产不足以同时支付时，应当首先赔偿受害人的损失，在其财产还有剩余的情况下，再用剩余的财产缴纳罚款、罚金。

关联法规

《消费者权益保护法》第 58 条

第六十五条 【对政府工作人员的处罚】各级人民政府工作人员和其他国家机关工作人员有下列情形之一的，依法给予行政处分；构成犯罪的，依法追究刑事责任：

（一）包庇、放纵产品生产、销售中违反本法规定行为的；

（二）向从事违反本法规定的生产、销售活动的当事人通风报信，帮助其逃避查处的；

（三）阻挠、干预市场监督管理部门依法对产品生产、销售中违反本法规定的行为进行查处，造成严重后果的。

关联法规

《刑法》第397、414、417条

第六十六条 【质检部门超规索取样品和收取费用的处理】市场监督管理部门在产品质量监督抽查中超过规定的数量索取样品或者向被检查人收取检验费用的，由上级市场监督管理部门或者监察机关责令退还；情节严重的，对直接负责的主管人员和其他直接责任人员依法给予行政处分。

条文注释

本条是关于市场监督管理部门在产品质量监督抽查中超过规定的数量索取样品或者向被检查人收取检验费用的法律责任的规定。

所谓"直接负责的主管人员"，是指在单位违法行为中负有领导责任的人员，包括违法行为的决策人，事后对单位违法行为予以认可和支持的领导人员，对单位疏于管理的领导人员以及对放任单位违法行为负有不可推卸责任的领导人员。所谓"其他直接责任人员"，是指其他直接实施单位违法行为的人员。

第六十七条 【质检部门等向社会推荐产品、参与经营的处理】市场监督管理部门或者其他国家机关违反本法第二十五条的规定，向社会推荐生产者的产品或者以监制、监销等方式参与产品经营活动的，由其上级机关或者监察机关责令改正，消除影响，有违法收入的予以没收；情节严重的，对直接负责的主管人员和其他直接责任人员依法给予行政处分。

产品质量检验机构有前款所列违法行为的，由市场监督管理部门责令改正，消除影响，有违法收入的予以没收，可以并处违法收入一倍以下的罚款；情节严重的，撤销其质量检验资格。

条文注释

本条是关于市场监督管理部门或者其他国家机关向社会推荐产品和参与产品的经营活动的法律责任的规定。

所谓"违法收入"，是指市场监督管理部门、产品质量检验机构或者其他国家机关违法向社会推荐生产者的产品或者以监制、监销等方式参与产品经营活动所获得的非法收益。对此违法收入应当予以没收，上缴国库。

所谓"情节严重"，既包括市场监督管理部门、产品质量检验机构或者其他国家机关违法向社会推荐生产者的产品次数多、数量大，影响恶劣，其推荐的产品对消费者造成损害等情节；也包括市场监督管理部门、产品质量检验机构或者其他国家机关参与产品经营活动获取的违法收入较多，所推荐的产品存在质量问题，影响恶劣等情节。

第六十八条　【渎职行为的处罚】市场监督管理部门的工作人员滥用职权、玩忽职守、徇私舞弊，构成犯罪的，依法追究刑事责任；尚不构成犯罪的，依法给予行政处分。

条文注释

本条是关于对市场监督管理部门的工作人员的渎职行为追究法律责任的规定。

所谓"滥用职权"，包括两层含义：一是指行使职权违反法律规定；二是指超越法定权限行使职权。所谓"玩忽职守"，是指国家工作人员不认真对待本职工作。市场监督管理部门的工作人员玩忽职守，主要表现为不履行法律、行政法规规定的职责。所谓“徇私舞弊”，是指为了私情或者私利而弄虚作假。市场监督管理部门的工作人员徇私舞弊，是指市场监督管理部门的工作人员在产品质量监督工作中为了私情或者私利，故意违反事实或法律作枉法处理或枉法决定。

关联法规

《刑法》第 385、397、414 条

第六十九条 【阻扰公务的处罚】以暴力、威胁方法阻碍市场监督管理部门的工作人员依法执行职务的，依法追究刑事责任；拒绝、阻碍未使用暴力、威胁方法的，由公安机关依照治安管理处罚法的规定处罚。

关联法规

《消费者权益保护法》第 60 条

《刑法》第 277 条

《治安管理处罚法》第 50 条

第七十条 【处罚权限】本法第四十九条至第五十七条、第六十条至第六十三条规定的行政处罚由市场监督管理部门决定。法律、行政法规对行使行政处罚权的机关另有规定的，依照有关法律、行政法规的规定执行。

条文注释

本条是关于行使本法规定的行政处罚权的行政机关的规定。

根据本条规定，行使本法规定的行政处罚权的行政机关是市场监督管理部门。

所谓“另有规定”，主要是指《药品管理法》《食品安全法》

《化妆品监督管理条例》《兽药管理条例》等专门法律、行政法规对某些特殊产品的行政处罚机关另有规定的，依照相应法律、行政法规的规定执行。

第七十一条　【没收产品的处理】对依照本法规定没收的产品，依照国家有关规定进行销毁或者采取其他方式处理。

第七十二条　【货值金额的计算】本法第四十九条至第五十四条、第六十二条、第六十三条所规定的货值金额以违法生产、销售产品的标价计算；没有标价的，按照同类产品的市场价格计算。

条文注释

本条是关于对本法第49~54、62、63条所规定的货值金额应如何计算的规定。

本条规定的货值金额的计算方法分为两种情况：(1)违法产品有标价的，按照标价计算。这里所说的“标价”，是指生产者或销售者以价格表、价格签或其他标价方式标明的产品销售价格。以该项标价乘以违法生产、销售产品的总数量，即为违法生产、销售产品的总货值。(2)违法产品没有标价的，按照同类产品的市场价格计算。违反本法规定生产、销售的伪劣产品，生产者、销售者有时不标明产品的价格，此时执法部门在计算货值金额时，应按照与该产品同种类、同型号的市场上销售的合法产品的市场价格计算。此处所说的“市场价格”，是指在一定时期同类产品的市场平均价格。

关联法规

《国家质量监督检验检疫总局关于实施〈中华人民共和国产品质量法〉若干问题的意见》第11条

第六章 附 则

第七十三条 【特殊规定】军工产品质量监督管理办法，由国务院、中央军事委员会另行制定。

因核设施、核产品造成损害的赔偿责任，法律、行政法规另有规定的，依照其规定。

条文注释

本条是关于军工产品质量监督管理以及因核设施、核产品造成损害的赔偿责任的规定。

所谓“军工产品”，主要是指武器装备、弹药及其配套产品，包括专用的原材料、元器件等。由于军工产品一般不进入市场销售，并牵涉国家秘密和国家安全的问题，因此不能完全适用本法的规定。其质量监督管理办法，需由国务院、中央军事委员会另行制定，目前适用《武器装备质量管理条例》。应注意的是，军工单位生产的民用产品适用本法调整。

因核设施、核产品造成损害的赔偿责任，适用《国务院关于处理第三方核责任问题给核工业部、国家核安全局、国务院核电领导小组的批复》中的相关规定。

第七十四条 【施行日期】本法自 1993 年 9 月 1 日起施行。

附录

中华人民共和国消费者权益保护法

（1993年10月31日第八届全国人民代表大会常务委员会第四次会议通过　根据2009年8月27日第十一届全国人民代表大会常务委员会第十次会议《关于修改部分法律的决定》第一次修正　根据2013年10月25日第十二届全国人民代表大会常务委员会第五次会议《关于修改〈中华人民共和国消费者权益保护法〉的决定》第二次修正）

目　　录

第一章　总　　则

第一条　为保护消费者的合法权益,维护社会经济秩序,促进社会主义市场经济健康发展,制定本法。

第二条　消费者为生活消费需要购买、使用商品或者接受服务,其权益受本法保护;本法未作规定的,受其他有关法律、法规保护。

第三条　经营者为消费者提供其生产、销售的商品或者提供服务,应当遵守本法;本法未作规定的,应当遵守其他有关法律、法规。

第四条　经营者与消费者进行交易,应当遵循自愿、平等、公平、诚实信用的原则。

第五条　国家保护消费者的合法权益不受侵害。

国家采取措施,保障消费者依法行使权利,维护消费者的合法权益。

国家倡导文明、健康、节约资源和保护环境的消费方式,反对浪费。

第六条　保护消费者的合法权益是全社会的共同责任。

国家鼓励、支持一切组织和个人对损害消费者合法权益的行为进行社会监督。

大众传播媒介应当做好维护消费者合法权益的宣传,对损害消费者合法权益的行为进行舆论监督。

第二章　消费者的权利

第七条　消费者在购买、使用商品和接受服务时享有人身、财产安全不受损害的权利。

消费者有权要求经营者提供的商品和服务,符合保障人身、财产安全的要求。

第八条　消费者享有知悉其购买、使用的商品或者接受的服务的真实情况的权利。

消费者有权根据商品或者服务的不同情况,要求经营者提供商品的价格、产地、生产者、用途、性能、规格、等级、主要成份、生产日期、有效期限、检验合格证明、使用方法说明书、售后服务,或者服务的内容、规格、费用等有关情况。

第九条　消费者享有自主选择商品或者服务的权利。

消费者有权自主选择提供商品或者服务的经营者,自主选择商品品种或者服务方式,自主决定购买或者不购买任何一种商品、接受或者不接受任何一项服务。

消费者在自主选择商品或者服务时,有权进行比较、鉴别和挑选。

第十条　消费者享有公平交易的权利。

消费者在购买商品或者接受服务时,有权获得质量保障、价格合理、计量正确等公平交易条件,有权拒绝经营者的强制交易行为。

第十一条　消费者因购买、使用商品或者接受服务受到人身、财产损害的,享有依法获得赔偿的权利。

第十二条　消费者享有依法成立维护自身合法权益的社会组织的权利。

第十三条　消费者享有获得有关消费和消费者权益保护方面的知识的权利。

消费者应当努力掌握所需商品或者服务的知识和使用技能,正确使用商品,提高自我保护意识。

第十四条　消费者在购买、使用商品和接受服务时,享有人格尊严、民族风俗习惯得到尊重的权利,享有个人信息依法得到保护的权利。

第十五条　消费者享有对商品和服务以及保护消费者权益工作进行监督的权利。

消费者有权检举、控告侵害消费者权益的行为和国家机关及其工作人员在保护消费者权益工作中的违法失职行为，有权对保护消费者权益工作提出批评、建议。

第三章　经营者的义务

第十六条　经营者向消费者提供商品或者服务，应当依照本法和其他有关法律、法规的规定履行义务。

经营者和消费者有约定的，应当按照约定履行义务，但双方的约定不得违背法律、法规的规定。

经营者向消费者提供商品或者服务，应当恪守社会公德，诚信经营，保障消费者的合法权益；不得设定不公平、不合理的交易条件，不得强制交易。

第十七条　经营者应当听取消费者对其提供的商品或者服务的意见，接受消费者的监督。

第十八条　经营者应当保证其提供的商品或者服务符合保障人身、财产安全的要求。对可能危及人身、财产安全的商品和服务，应当向消费者作出真实的说明和明确的警示，并说明和标明正确使用商品或者接受服务的方法以及防止危害发生的方法。

宾馆、商场、餐馆、银行、机场、车站、港口、影剧院等经营场所的经营者，应当对消费者尽到安全保障义务。

第十九条　经营者发现其提供的商品或者服务存在缺陷，有危及人身、财产安全危险的，应当立即向有关行政部门报告和告知消费者，并采取停止销售、警示、召回、无害化处理、销毁、停止生产或者服务等措施。采取召回措施的，经营者应当承担消费者因商品被召回支出的必要费用。

第二十条　经营者向消费者提供有关商品或者服务的质量、性能、用途、有效期限等信息，应当真实、全面，不得作虚假或者引人误解的宣传。

经营者对消费者就其提供的商品或者服务的质量和使用方法等问题提出的询问，应当作出真实、明确的答复。

经营者提供商品或者服务应当明码标价。

第二十一条 经营者应当标明其真实名称和标记。

租赁他人柜台或者场地的经营者，应当标明其真实名称和标记。

第二十二条 经营者提供商品或者服务，应当按照国家有关规定或者商业惯例向消费者出具发票等购货凭证或者服务单据；消费者索要发票等购货凭证或者服务单据的，经营者必须出具。

第二十三条 经营者应当保证在正常使用商品或者接受服务的情况下其提供的商品或者服务应当具有的质量、性能、用途和有效期限；但消费者在购买该商品或者接受该服务前已经知道其存在瑕疵，且存在该瑕疵不违反法律强制性规定的除外。

经营者以广告、产品说明、实物样品或者其他方式表明商品或者服务的质量状况的，应当保证其提供的商品或者服务的实际质量与表明的质量状况相符。

经营者提供的机动车、计算机、电视机、电冰箱、空调器、洗衣机等耐用商品或者装饰装修等服务，消费者自接受商品或者服务之日起六个月内发现瑕疵，发生争议的，由经营者承担有关瑕疵的举证责任。

第二十四条 经营者提供的商品或者服务不符合质量要求的，消费者可以依照国家规定、当事人约定退货，或者要求经营者履行更换、修理等义务。没有国家规定和当事人约定的，消费者可以自收到商品之日起七日内退货；七日后符合法定解除合同条件的，消费者可以及时退货，不符合法定解除合同条件的，可以要求经营者履行更换、修理等义务。

依照前款规定进行退货、更换、修理的，经营者应当承担运输等必要费用。

第二十五条　经营者采用网络、电视、电话、邮购等方式销售商品,消费者有权自收到商品之日起七日内退货,且无需说明理由,但下列商品除外:

(一)消费者定作的;

(二)鲜活易腐的;

(三)在线下载或者消费者拆封的音像制品、计算机软件等数字化商品;

(四)交付的报纸、期刊。

除前款所列商品外,其他根据商品性质并经消费者在购买时确认不宜退货的商品,不适用无理由退货。

消费者退货的商品应当完好。经营者应当自收到退回商品之日起七日内返还消费者支付的商品价款。退回商品的运费由消费者承担;经营者和消费者另有约定的,按照约定。

第二十六条　经营者在经营活动中使用格式条款的,应当以显著方式提请消费者注意商品或者服务的数量和质量、价款或者费用、履行期限和方式、安全注意事项和风险警示、售后服务、民事责任等与消费者有重大利害关系的内容,并按照消费者的要求予以说明。

经营者不得以格式条款、通知、声明、店堂告示等方式,作出排除或者限制消费者权利、减轻或者免除经营者责任、加重消费者责任等对消费者不公平、不合理的规定,不得利用格式条款并借助技术手段强制交易。

格式条款、通知、声明、店堂告示等含有前款所列内容的,其内容无效。

第二十七条　经营者不得对消费者进行侮辱、诽谤,不得搜查消费者的身体及其携带的物品,不得侵犯消费者的人身自由。

第二十八条　采用网络、电视、电话、邮购等方式提供商品或者服务的经营者,以及提供证券、保险、银行等金融服务的经营者,应当向消费者提供经营地址、联系方式、商品或者服务的数量和质量、价款或者费用、履行期限和方式、安全注意事项和风险警示、售后服务、民事责任等信息。

第二十九条 经营者收集、使用消费者个人信息,应当遵循合法、正当、必要的原则,明示收集、使用信息的目的、方式和范围,并经消费者同意。经营者收集、使用消费者个人信息,应当公开其收集、使用规则,不得违反法律、法规的规定和双方的约定收集、使用信息。

经营者及其工作人员对收集的消费者个人信息必须严格保密,不得泄露、出售或者非法向他人提供。经营者应当采取技术措施和其他必要措施,确保信息安全,防止消费者个人信息泄露、丢失。在发生或者可能发生信息泄露、丢失的情况时,应当立即采取补救措施。

经营者未经消费者同意或者请求,或者消费者明确表示拒绝的,不得向其发送商业性信息。

第四章 国家对消费者合法权益的保护

第三十条 国家制定有关消费者权益的法律、法规、规章和强制性标准,应当听取消费者和消费者协会等组织的意见。

第三十一条 各级人民政府应当加强领导,组织、协调、督促有关行政部门做好保护消费者合法权益的工作,落实保护消费者合法权益的职责。

各级人民政府应当加强监督,预防危害消费者人身、财产安全行为的发生,及时制止危害消费者人身、财产安全的行为。

第三十二条 各级人民政府工商行政管理部门和其他有关行政部门应当依照法律、法规的规定,在各自的职责范围内,采取措施,保护消费者的合法权益。

有关行政部门应当听取消费者和消费者协会等组织对经营者交易行为、商品和服务质量问题的意见,及时调查处理。

第三十三条 有关行政部门在各自的职责范围内，应当定期或者不定期对经营者提供的商品和服务进行抽查检验，并及时向社会公布抽查检验结果。

有关行政部门发现并认定经营者提供的商品或者服务存在缺陷，有危及人身、财产安全危险的，应当立即责令经营者采取停止销售、警示、召回、无害化处理、销毁、停止生产或者服务等措施。

第三十四条 有关国家机关应当依照法律、法规的规定，惩处经营者在提供商品和服务中侵害消费者合法权益的违法犯罪行为。

第三十五条 人民法院应当采取措施，方便消费者提起诉讼。对符合《中华人民共和国民事诉讼法》起诉条件的消费者权益争议，必须受理，及时审理。

第五章 消费者组织

第三十六条 消费者协会和其他消费者组织是依法成立的对商品和服务进行社会监督的保护消费者合法权益的社会组织。

第三十七条 消费者协会履行下列公益性职责：

（一）向消费者提供消费信息和咨询服务，提高消费者维护自身合法权益的能力，引导文明、健康、节约资源和保护环境的消费方式；

（二）参与制定有关消费者权益的法律、法规、规章和强制性标准；

（三）参与有关行政部门对商品和服务的监督、检查；

（四）就有关消费者合法权益的问题，向有关部门反映、查询，提出建议；

（五）受理消费者的投诉，并对投诉事项进行调查、调解；

（六）投诉事项涉及商品和服务质量问题的，可以委托具备资格的鉴定人鉴定，鉴定人应当告知鉴定意见；

（七）就损害消费者合法权益的行为，支持受损害的消费者提起诉讼或者依照本法提起诉讼；

（八）对损害消费者合法权益的行为，通过大众传播媒介予以揭露、批评。

各级人民政府对消费者协会履行职责应当予以必要的经费等支持。

消费者协会应当认真履行保护消费者合法权益的职责，听取消费者的意见和建议，接受社会监督。

依法成立的其他消费者组织依照法律、法规及其章程的规定，开展保护消费者合法权益的活动。

第三十八条 消费者组织不得从事商品经营和营利性服务，不得以收取费用或者其他牟取利益的方式向消费者推荐商品和服务。

第六章 争议的解决

第三十九条 消费者和经营者发生消费者权益争议的，可以通过下列途径解决：

（一）与经营者协商和解；

（二）请求消费者协会或者依法成立的其他调解组织调解；

（三）向有关行政部门投诉；

（四）根据与经营者达成的仲裁协议提请仲裁机构仲裁；

（五）向人民法院提起诉讼。

第四十条 消费者在购买、使用商品时，其合法权益受到损害的，可以向销售者要求赔偿。销售者赔偿后，属于生产者的责任或者属于向销售者提供商品的其他销售者的责任的，销售者有权向生产者或者其他销售者追偿。

消费者或者其他受害人因商品缺陷造成人身、财产损害的，可以向销售者要求赔偿，也可以向生产者要求赔偿。属于生产者责任的，销售者赔偿后，有权向生产者追偿。属于销售者责任的，生产者赔偿后，有权向销售者追偿。

消费者在接受服务时，其合法权益受到损害的，可以向服务者要求赔偿。

第四十一条 消费者在购买、使用商品或者接受服务时，其合法权益受到损害，因原企业分立、合并的，可以向变更后承受其权利义务的企业要求赔偿。

第四十二条 使用他人营业执照的违法经营者提供商品或者服务，损害消费者合法权益的，消费者可以向其要求赔偿，也可以向营业执照的持有人要求赔偿。

第四十三条 消费者在展销会、租赁柜台购买商品或者接受服务，其合法权益受到损害的，可以向销售者或者服务者要求赔偿。展销会结束或者柜台租赁期满后，也可以向展销会的举办者、柜台的出租者要求赔偿。展销会的举办者、柜台的出租者赔偿后，有权向销售者或者服务者追偿。

第四十四条 消费者通过网络交易平台购买商品或者接受服务，其合法权益受到损害的，可以向销售者或者服务者要求赔偿。网络交易平台提供者不能提供销售者或者服务者的真实名称、地址和有效联系方式的，消费者也可以向网络交易平台提供者要求赔偿；网络交易平台提供者作出更有利于消费者的承诺的，应当履行承诺。网络交易平台提供者赔偿后，有权向销售者或者服务者追偿。

网络交易平台提供者明知或者应知销售者或者服务者利用其平台侵害消费者合法权益，未采取必要措施的，依法与该销售者或者服务者承担连带责任。

第四十五条 消费者因经营者利用虚假广告或者其他虚假宣传方式提供商品或者服务，其合法权益受到损害的，可以向经营者要求赔偿。广告经营者、发布者发布虚假广告的，消费者可以请求行政主管部门予以惩处。广告经营者、发布者不能提供经营者的真实名称、地址和有效联系方式的，应当承担赔偿责任。

广告经营者、发布者设计、制作、发布关系消费者生命健康商品或者服务的虚假广告,造成消费者损害的,应当与提供该商品或者服务的经营者承担连带责任。

社会团体或者其他组织、个人在关系消费者生命健康商品或者服务的虚假广告或者其他虚假宣传中向消费者推荐商品或者服务,造成消费者损害的,应当与提供该商品或者服务的经营者承担连带责任。

第四十六条 消费者向有关行政部门投诉的,该部门应当自收到投诉之日起七个工作日内,予以处理并告知消费者。

第四十七条 对侵害众多消费者合法权益的行为,中国消费者协会以及在省、自治区、直辖市设立的消费者协会,可以向人民法院提起诉讼。

第七章 法律责任

第四十八条 经营者提供商品或者服务有下列情形之一的,除本法另有规定外,应当依照其他有关法律、法规的规定,承担民事责任:

(一)商品或者服务存在缺陷的;

(二)不具备商品应当具备的使用性能而出售时未作说明的;

(三)不符合在商品或者其包装上注明采用的商品标准的;

(四)不符合商品说明、实物样品等方式表明的质量状况的;

(五)生产国家明令淘汰的商品或者销售失效、变质的商品的;

(六)销售的商品数量不足的;

(七)服务的内容和费用违反约定的;

(八)对消费者提出的修理、重作、更换、退货、补足商品数量、退还货款和服务费用或者赔偿损失的要求,故意拖延或者无理拒绝的;

(九)法律、法规规定的其他损害消费者权益的情形。

经营者对消费者未尽到安全保障义务，造成消费者损害的，应当承担侵权责任。

第四十九条 经营者提供商品或者服务，造成消费者或者其他受害人人身伤害的，应当赔偿医疗费、护理费、交通费等为治疗和康复支出的合理费用，以及因误工减少的收入。造成残疾的，还应当赔偿残疾生活辅助具费和残疾赔偿金。造成死亡的，还应当赔偿丧葬费和死亡赔偿金。

第五十条 经营者侵害消费者的人格尊严、侵犯消费者人身自由或者侵害消费者个人信息依法得到保护的权利的，应当停止侵害、恢复名誉、消除影响、赔礼道歉，并赔偿损失。

第五十一条 经营者有侮辱诽谤、搜查身体、侵犯人身自由等侵害消费者或者其他受害人人身权益的行为，造成严重精神损害的，受害人可以要求精神损害赔偿。

第五十二条 经营者提供商品或者服务，造成消费者财产损害的，应当依照法律规定或者当事人约定承担修理、重作、更换、退货、补足商品数量、退还货款和服务费用或者赔偿损失等民事责任。

第五十三条 经营者以预收款方式提供商品或者服务的，应当按照约定提供。未按照约定提供的，应当按照消费者的要求履行约定或者退回预付款；并应当承担预付款的利息、消费者必须支付的合理费用。

第五十四条 依法经有关行政部门认定为不合格的商品，消费者要求退货的，经营者应当负责退货。

第五十五条 经营者提供商品或者服务有欺诈行为的，应当按照消费者的要求增加赔偿其受到的损失，增加赔偿的金额为消费者购买商品的价款或者接受服务的费用的三倍；增加赔偿的金额不足五百元的，为五百元。法律另有规定的，依照其规定。

经营者明知商品或者服务存在缺陷，仍然向消费者提供，造成消费者或者其他受害人死亡或者健康严重损害的，受害人有权要求经营者依照本法第四十九条、第五十一条等法律规定赔偿损失,并有权要求所受损失二倍以下的惩罚性赔偿。

第五十六条 经营者有下列情形之一,除承担相应的民事责任外,其他有关法律、法规对处罚机关和处罚方式有规定的,依照法律、法规的规定执行;法律、法规未作规定的,由工商行政管理部门或者其他有关行政部门责令改正,可以根据情节单处或者并处警告、没收违法所得、处以违法所得一倍以上十倍以下的罚款,没有违法所得的,处以五十万元以下的罚款;情节严重的,责令停业整顿、吊销营业执照:

(一)提供的商品或者服务不符合保障人身、财产安全要求的;

(二)在商品中掺杂、掺假,以假充真,以次充好,或者以不合格商品冒充合格商品的;

(三)生产国家明令淘汰的商品或者销售失效、变质的商品的;

(四)伪造商品的产地,伪造或者冒用他人的厂名、厂址,篡改生产日期,伪造或者冒用认证标志等质量标志的;

(五)销售的商品应当检验、检疫而未检验、检疫或者伪造检验、检疫结果的;

(六)对商品或者服务作虚假或者引人误解的宣传的;

(七)拒绝或者拖延有关行政部门责令对缺陷商品或者服务采取停止销售、警示、召回、无害化处理、销毁、停止生产或者服务等措施的;

(八)对消费者提出的修理、重作、更换、退货、补足商品数量、退还货款和服务费用或者赔偿损失的要求,故意拖延或者无理拒绝的;

(九)侵害消费者人格尊严、侵犯消费者人身自由或者侵害消费者个人信息依法得到保护的权利的;

(十)法律、法规规定的对损害消费者权益应当予以处罚的其他情形。

经营者有前款规定情形的,除依照法律、法规规定予以处罚外,处罚机关应当记入信用档案，向社会公布。

第五十七条　经营者违反本法规定提供商品或者服务，侵害消费者合法权益，构成犯罪的，依法追究刑事责任。

第五十八条　经营者违反本法规定，应当承担民事赔偿责任和缴纳罚款、罚金，其财产不足以同时支付的，先承担民事赔偿责任。

第五十九条　经营者对行政处罚决定不服的，可以依法申请行政复议或者提起行政诉讼。

第六十条　以暴力、威胁等方法阻碍有关行政部门工作人员依法执行职务的，依法追究刑事责任；拒绝、阻碍有关行政部门工作人员依法执行职务，未使用暴力、威胁方法的，由公安机关依照《中华人民共和国治安管理处罚法》的规定处罚。

第六十一条　国家机关工作人员玩忽职守或者包庇经营者侵害消费者合法权益的行为的，由其所在单位或者上级机关给予行政处分；情节严重，构成犯罪的，依法追究刑事责任。

第八章　附　　则

第六十二条　农民购买、使用直接用于农业生产的生产资料，参照本法执行。

第六十三条　本法自 1994 年 1 月 1 日起施行。

中华人民共和国
反不正当竞争法(节录)

(1993年9月2日第八届全国人民代表大会常务委员会第三次会议通过　2017年11月4日第十二届全国人民代表大会常务委员会第三十次会议修订　根据2019年4月23日第十三届全国人民代表大会常务委员会第十次会议《关于修改〈中华人民共和国建筑法〉等八部法律的决定》修正)

第六条　经营者不得实施下列混淆行为,引人误认为是他人商品或者与他人存在特定联系:

(一)擅自使用与他人有一定影响的商品名称、包装、装潢等相同或者近似的标识;

(二)擅自使用他人有一定影响的企业名称(包括简称、字号等)、社会组织名称(包括简称等)、姓名(包括笔名、艺名、译名等);

(三)擅自使用他人有一定影响的域名主体部分、网站名称、网页等;

(四)其他足以引人误认为是他人商品或者与他人存在特定联系的混淆行为。

第八条　经营者不得对其商品的性能、功能、质量、销售状况、用户评价、曾获荣誉等作虚假或者引人误解的商业宣传,欺骗、误导消费者。

经营者不得通过组织虚假交易等方式,帮助其他经营者进行虚假或者引人误解的商业宣传。

第十七条 经营者违反本法规定，给他人造成损害的，应当依法承担民事责任。

经营者的合法权益受到不正当竞争行为损害的，可以向人民法院提起诉讼。

因不正当竞争行为受到损害的经营者的赔偿数额，按照其因被侵权所受到的实际损失确定；实际损失难以计算的，按照侵权人因侵权所获得的利益确定。经营者恶意实施侵犯商业秘密行为，情节严重的，可以在按照上述方法确定数额的一倍以上五倍以下确定赔偿数额。赔偿数额还应当包括经营者为制止侵权行为所支付的合理开支。

经营者违反本法第六条、第九条规定，权利人因被侵权所受到的实际损失、侵权人因侵权所获得的利益难以确定的，由人民法院根据侵权行为的情节判决给予权利人五百万元以下的赔偿。

第十八条 经营者违反本法第六条规定实施混淆行为的，由监督检查部门责令停止违法行为，没收违法商品。违法经营额五万元以上的，可以并处违法经营额五倍以下的罚款；没有违法经营额或者违法经营额不足五万元的，可以并处二十五万元以下的罚款。情节严重的，吊销营业执照。

经营者登记的企业名称违反本法第六条规定的，应当及时办理名称变更登记；名称变更前，由原企业登记机关以统一社会信用代码代替其名称。

第二十条 经营者违反本法第八条规定对其商品作虚假或者引人误解的商业宣传，或者通过组织虚假交易等方式帮助其他经营者进行虚假或者引人误解的商业宣传的，由监督检查部门责令停止违法行为，处二十万元以上一百万元以下的罚款；情节严重的，处一百万元以上二百万元以下的罚款，可以吊销营业执照。

经营者违反本法第八条规定，属于发布虚假广告的，依照《中华人民共和国广告法》的规定处罚。

第二十七条　经营者违反本法规定,应当承担民事责任、行政责任和刑事责任,其财产不足以支付的,优先用于承担民事责任。

第二十八条　妨害监督检查部门依照本法履行职责,拒绝、阻碍调查的,由监督检查部门责令改正,对个人可以处五千元以下的罚款,对单位可以处五万元以下的罚款,并可以由公安机关依法给予治安管理处罚。

中华人民共和国
药品管理法(节录)

(1984年9月20日第六届全国人民代表大会常务委员会第七次会议通过　2001年2月28日第九届全国人民代表大会常务委员会第二十次会议第一次修订　根据2013年12月28日第十二届全国人民代表大会常务委员会第六次会议《关于修改〈中华人民共和国海洋环境保护法〉等七部法律的决定》第一次修正　根据2015年4月24日第十二届全国人民代表大会常务委员会第十四次会议《关于修改〈中华人民共和国药品管理法〉的决定》第二次修正　2019年8月26日第十三届全国人民代表大会常务委员会第十二次会议第二次修订)

第八条　国务院药品监督管理部门主管全国药品监督管理工作。国务院有关部门在各自职责范围内负责与药品有关的监督管理工作。国务院药品监督管理部门配合国务院有关部门,执行国家药品行业发展规划和产业政策。

省、自治区、直辖市人民政府药品监督管理部门负责本行政区域内的药品监督管理工作。设区的市级、县级人民政府承担药品监督管理职责的部门(以下称药品监督管理部门)负责本行政区域内的药品监督管理工作。县级以上地方人民政府有关部门在各自职责范围内负责与药品有关的监督管理工作。

第十一条 药品监督管理部门设置或者指定的药品专业技术机构,承担依法实施药品监督管理所需的审评、检验、核查、监测与评价等工作。

第二十八条 药品应当符合国家药品标准。经国务院药品监督管理部门核准的药品质量标准高于国家药品标准的,按照经核准的药品质量标准执行;没有国家药品标准的,应当符合经核准的药品质量标准。

国务院药品监督管理部门颁布的《中华人民共和国药典》和药品标准为国家药品标准。

国务院药品监督管理部门会同国务院卫生健康主管部门组织药典委员会,负责国家药品标准的制定和修订。

国务院药品监督管理部门设置或者指定的药品检验机构负责标定国家药品标准品、对照品。

第三十一条 药品上市许可持有人应当建立药品质量保证体系,配备专门人员独立负责药品质量管理。

药品上市许可持有人应当对受托药品生产企业、药品经营企业的质量管理体系进行定期审核,监督其持续具备质量保证和控制能力。

第四十六条 直接接触药品的包装材料和容器,应当符合药用要求,符合保障人体健康、安全的标准。

对不合格的直接接触药品的包装材料和容器,由药品监督管理部门责令停止使用。

第四十七条 药品生产企业应当对药品进行质量检验。不符合国家药品标准的,不得出厂。

药品生产企业应当建立药品出厂放行规程,明确出厂放行的标准、条件。符合标准、条件的,经质量受权人签字后方可放行。

第四十八条　药品包装应当适合药品质量的要求,方便储存、运输和医疗使用。

发运中药材应当有包装。在每件包装上,应当注明品名、产地、日期、供货单位,并附有质量合格的标志。

第四十九条　药品包装应当按照规定印有或者贴有标签并附有说明书。

标签或者说明书应当注明药品的通用名称、成份、规格、上市许可持有人及其地址、生产企业及其地址、批准文号、产品批号、生产日期、有效期、适应症或者功能主治、用法、用量、禁忌、不良反应和注意事项。标签、说明书中的文字应当清晰,生产日期、有效期等事项应当显著标注,容易辨识。

麻醉药品、精神药品、医疗用毒性药品、放射性药品、外用药品和非处方药的标签、说明书,应当印有规定的标志。

第七十一条　医疗机构应当有与所使用药品相适应的场所、设备、仓储设施和卫生环境,制定和执行药品保管制度,采取必要的冷藏、防冻、防潮、防虫、防鼠等措施,保证药品质量。

第八十九条　药品广告应当经广告主所在地省、自治区、直辖市人民政府确定的广告审查机关批准;未经批准的,不得发布。

第九十条　药品广告的内容应当真实、合法,以国务院药品监督管理部门核准的药品说明书为准,不得含有虚假的内容。

药品广告不得含有表示功效、安全性的断言或者保证;不得利用国家机关、科研单位、学术机构、行业协会或者专家、学者、医师、药师、患者等的名义或者形象作推荐、证明。

非药品广告不得有涉及药品的宣传。

第九十八条　禁止生产(包括配制,下同)、销售、使用假药、劣药。

有下列情形之一的，为假药：

（一）药品所含成份与国家药品标准规定的成份不符；

（二）以非药品冒充药品或者以他种药品冒充此种药品；

（三）变质的药品；

（四）药品所标明的适应症或者功能主治超出规定范围。

有下列情形之一的，为劣药：

（一）药品成份的含量不符合国家药品标准；

（二）被污染的药品；

（三）未标明或者更改有效期的药品；

（四）未注明或者更改产品批号的药品；

（五）超过有效期的药品；

（六）擅自添加防腐剂、辅料的药品；

（七）其他不符合药品标准的药品。

禁止未取得药品批准证明文件生产、进口药品；禁止使用未按照规定审评、审批的原料药、包装材料和容器生产药品。

第一百一十条　地方人民政府及其药品监督管理部门不得以要求实施药品检验、审批等手段限制或者排斥非本地区药品上市许可持有人、药品生产企业生产的药品进入本地区。

第一百一十一条　药品监督管理部门及其设置或者指定的药品专业技术机构不得参与药品生产经营活动，不得以其名义推荐或者监制、监销药品。

药品监督管理部门及其设置或者指定的药品专业技术机构的工作人员不得参与药品生产经营活动。

第一百一十六条　生产、销售假药的，没收违法生产、销售的药品和违法所得，责令停产停业整顿，吊销药品批准证明文件，并处违法生产、销售的药品货值金额十五倍以上三十倍以下的罚款；货值金额不足十万元的，按十万元计算；情节严重的，吊销药品生产许可证、药品经营许可证或者医疗机构制剂许可证,十年内不受理其相应申请;药品上市许可持有人为境外企业的,十年内禁止其药品进口。

第一百一十七条　生产、销售劣药的,没收违法生产、销售的药品和违法所得,并处违法生产、销售的药品货值金额十倍以上二十倍以下的罚款;违法生产、批发的药品货值金额不足十万元的,按十万元计算,违法零售的药品货值金额不足一万元的,按一万元计算;情节严重的,责令停产停业整顿直至吊销药品批准证明文件、药品生产许可证、药品经营许可证或者医疗机构制剂许可证。

生产、销售的中药饮片不符合药品标准,尚不影响安全性、有效性的,责令限期改正,给予警告;可以处十万元以上五十万元以下的罚款。

第一百一十八条　生产、销售假药,或者生产、销售劣药且情节严重的,对法定代表人、主要负责人、直接负责的主管人员和其他责任人员,没收违法行为发生期间自本单位所获收入,并处所获收入百分之三十以上三倍以下的罚款,终身禁止从事药品生产经营活动,并可以由公安机关处五日以上十五日以下的拘留。

对生产者专门用于生产假药、劣药的原料、辅料、包装材料、生产设备予以没收。

第一百一十九条　药品使用单位使用假药、劣药的,按照销售假药、零售劣药的规定处罚;情节严重的,法定代表人、主要负责人、直接负责的主管人员和其他责任人员有医疗卫生人员执业证书的,还应当吊销执业证书。

第一百二十条　知道或者应当知道属于假药、劣药或者本法第一百二十四条第一款第一项至第五项规定的药品,而为其提供储存、运输等便利条件的,没收全部储存、运输收入,并处违法收入一倍以上五倍以下的罚款;情节严重的,并处违法收入五倍以上十五倍以下的罚款;违法收入不足五万元的,按五万元计算。

第一百二十一条　对假药、劣药的处罚决定,应当依法载明药品检验机构的质量检验结论。

第一百二十八条 除依法应当按照假药、劣药处罚的外，药品包装未按照规定印有、贴有标签或者附有说明书，标签、说明书未按照规定注明相关信息或者印有规定标志的，责令改正，给予警告；情节严重的，吊销药品注册证书。

第一百三十八条 药品检验机构出具虚假检验报告的，责令改正，给予警告，对单位并处二十万元以上一百万元以下的罚款；对直接负责的主管人员和其他直接责任人员依法给予降级、撤职、开除处分，没收违法所得，并处五万元以下的罚款；情节严重的，撤销其检验资格。药品检验机构出具的检验结果不实，造成损失的，应当承担相应的赔偿责任。

中华人民共和国民法典（节录）

（2020 年 5 月 28 日第十三届全国人民代表大会第三次会议通过 2020 年 5 月 28 日中华人民共和国主席令第 45 号公布 自 2021 年 1 月 1 日起施行）

第四章 产 品 责 任

第一千二百零二条 因产品存在缺陷造成他人损害的，生产者应当承担侵权责任。

第一千二百零三条 因产品存在缺陷造成他人损害的，被侵权人可以向产品的生产者请求赔偿，也可以向产品的销售者请求赔偿。

产品缺陷由生产者造成的，销售者赔偿后，有权向生产者追偿。因销售者的过错使产品存在缺陷的,生产者赔偿后,有权向销售者追偿。

第一千二百零四条　因运输者、仓储者等第三人的过错使产品存在缺陷,造成他人损害的,产品的生产者、销售者赔偿后,有权向第三人追偿。

第一千二百零五条　因产品缺陷危及他人人身、财产安全的,被侵权人有权请求生产者、销售者承担停止侵害、排除妨碍、消除危险等侵权责任。

第一千二百零六条　产品投入流通后发现存在缺陷的,生产者、销售者应当及时采取停止销售、警示、召回等补救措施;未及时采取补救措施或者补救措施不力造成损害扩大的,对扩大的损害也应当承担侵权责任。

依据前款规定采取召回措施的,生产者、销售者应当负担被侵权人因此支出的必要费用。

第一千二百零七条　明知产品存在缺陷仍然生产、销售,或者没有依据前条规定采取有效补救措施,造成他人死亡或者健康严重损害的,被侵权人有权请求相应的惩罚性赔偿。

中华人民共和国刑法(节录)

(1979 年 7 月 1 日第五届全国人民代表大会第二次会议通过　1997 年 3 月 14 日第八届全国人民代表大会第五次会议修订　根据 1998 年 12 月 29 日第九届全国人民代表大会常务委员会第六次会议通过的《关于惩治骗购外汇、逃汇和非法买卖外汇犯罪的决定》、1999 年 12 月 25 日第九届全国人民代表大会常务委员会第十三次会议通过的《中华人民共和国刑法修正案》、2001年8月31日第九届全国人民代表大会常务委员会第二十三次会议通过的《中华人民共和国刑法修正案(二)》、2001年12月29日第九届全国人民代表大会常务委员会第二十五次会议通过的《中华人民共和国刑法修正案(三)》、2002年12月28日第九届全国人民代表大会常务委员会第三十一次会议通过的《中华人民共和国刑法修正案(四)》、2005年2月28日第十届全国人民代表大会常务委员会第十四次会议通过的《中华人民共和国刑法修正案(五)》、2006年6月29日第十届全国人民代表大会常务委员会第二十二次会议通过的《中华人民共和国刑法修正案(六)》、2009年2月28日第十一届全国人民代表大会常务委员会第七次会议通过的《中华人民共和国刑法修正案(七)》、2009年8月27日第十一届全国人民代表大会常务委员会第十次会议通过的《关于修改部分法律的决定》、2011年2月25日第十一届全国人民代表大会常务委员会第十九次会议通过的《中华人民共和国刑法修正案(八)》、2015年8月29日第十二届全国人民代表大会常务委员会第十六次会议通过的《中华人民共和国刑法修正案(九)》、2017年11月4日第十二届全国人民代表大会常务委员会第三十次会议通过的《中华人民共和国刑法修正案(十)》、2020年12月26日第十三届全国人民代表大会常务委员会第二十四次会议通过的《中华人民共和国刑法修正案(十一)》和2023年12月29日第十四届全国人民代表大会常务委员会第七次会议通过的《中华人民共和国刑法修正案(十二)》修正①)

① 刑法、历次刑法修正案、涉及修改刑法的决定的施行日期,分别依据各法律所规定的施行日期确定。

第三章　破坏社会主义市场经济秩序罪

第一节　生产、销售伪劣商品罪

第一百四十条　生产者、销售者在产品中掺杂、掺假,以假充真,以次充好或者以不合格产品冒充合格产品,销售金额五万元以上不满二十万元的,处二年以下有期徒刑或者拘役,并处或者单处销售金额百分之五十以上二倍以下罚金;销售金额二十万元以上不满五十万元的,处二年以上七年以下有期徒刑,并处销售金额百分之五十以上二倍以下罚金;销售金额五十万元以上不满二百万元的,处七年以上有期徒刑,并处销售金额百分之五十以上二倍以下罚金;销售金额二百万元以上的,处十五年有期徒刑或者无期徒刑,并处销售金额百分之五十以上二倍以下罚金或者没收财产。

第一百四十一条　生产、销售假药的,处三年以下有期徒刑或者拘役,并处罚金;对人体健康造成严重危害或者有其他严重情节的,处三年以上十年以下有期徒刑,并处罚金;致人死亡或者有其他特别严重情节的,处十年以上有期徒刑、无期徒刑或者死刑,并处罚金或者没收财产。

药品使用单位的人员明知是假药而提供给他人使用的,依照前款的规定处罚。

第一百四十二条　生产、销售劣药,对人体健康造成严重危害的,处三年以上十年以下有期徒刑,并处罚金;后果特别严重的,处十年以上有期徒刑或者无期徒刑,并处罚金或者没收财产。

药品使用单位的人员明知是劣药而提供给他人使用的,依照前款的规定处罚。

第一百四十二条之一　违反药品管理法规,有下列情形之一,足以严重危害人体健康的,处三年以下有期徒刑或者拘役,并处或者单处罚金；对人体健康造成严重危害或者有其他严重情节的，处三年以上七年以下有期徒刑，并处罚金：

（一）生产、销售国务院药品监督管理部门禁止使用的药品的；

（二）未取得药品相关批准证明文件生产、进口药品或者明知是上述药品而销售的；

（三）药品申请注册中提供虚假的证明、数据、资料、样品或者采取其他欺骗手段的；

（四）编造生产、检验记录的。

有前款行为，同时又构成本法第一百四十一条、第一百四十二条规定之罪或者其他犯罪的，依照处罚较重的规定定罪处罚。

第一百四十三条 生产、销售不符合食品安全标准的食品，足以造成严重食物中毒事故或者其他严重食源性疾病的，处三年以下有期徒刑或者拘役，并处罚金；对人体健康造成严重危害或者有其他严重情节的，处三年以上七年以下有期徒刑，并处罚金；后果特别严重的，处七年以上有期徒刑或者无期徒刑，并处罚金或者没收财产。

第一百四十四条 在生产、销售的食品中掺入有毒、有害的非食品原料的，或者销售明知掺有有毒、有害的非食品原料的食品的，处五年以下有期徒刑，并处罚金；对人体健康造成严重危害或者有其他严重情节的，处五年以上十年以下有期徒刑，并处罚金；致人死亡或者有其他特别严重情节的，依照本法第一百四十一条的规定处罚。

第一百四十五条 生产不符合保障人体健康的国家标准、行业标准的医疗器械、医用卫生材料，或者销售明知是不符合保障人体健康的国家标准、行业标准的医疗器械、医用卫生材料，足以严重危害人体健康的，处三年以下有期徒刑或者拘役，并处销售金额百分之五十以上二倍以下罚金；对人体健康造成严重危害的，处三年以上十年以下有期徒刑，并处销售金额百分之五十以上二倍以下罚金；后果特别严重的，处十年以上有期徒刑或者无期徒刑，并处销售金额百分之五十以上二倍以下罚金或者没收财产。

第一百四十六条　生产不符合保障人身、财产安全的国家标准、行业标准的电器、压力容器、易燃易爆产品或者其他不符合保障人身、财产安全的国家标准、行业标准的产品,或者销售明知是以上不符合保障人身、财产安全的国家标准、行业标准的产品,造成严重后果的,处五年以下有期徒刑,并处销售金额百分之五十以上二倍以下罚金;后果特别严重的,处五年以上有期徒刑,并处销售金额百分之五十以上二倍以下罚金。

第一百四十七条　生产假农药、假兽药、假化肥,销售明知是假的或者失去使用效能的农药、兽药、化肥、种子,或者生产者、销售者以不合格的农药、兽药、化肥、种子冒充合格的农药、兽药、化肥、种子,使生产遭受较大损失的,处三年以下有期徒刑或者拘役,并处或者单处销售金额百分之五十以上二倍以下罚金;使生产遭受重大损失的,处三年以上七年以下有期徒刑,并处销售金额百分之五十以上二倍以下罚金;使生产遭受特别重大损失的,处七年以上有期徒刑或者无期徒刑,并处销售金额百分之五十以上二倍以下罚金或者没收财产。

第一百四十八条　生产不符合卫生标准的化妆品,或者销售明知是不符合卫生标准的化妆品,造成严重后果的,处三年以下有期徒刑或者拘役,并处或者单处销售金额百分之五十以上二倍以下罚金。

第一百四十九条　生产、销售本节第一百四十一条至第一百四十八条所列产品,不构成各该条规定的犯罪,但是销售金额在五万元以上的,依照本节第一百四十条的规定定罪处罚。

生产、销售本节第一百四十一条至第一百四十八条所列产品,构成各该条规定的犯罪,同时又构成本节第一百四十条规定之罪的,依照处罚较重的规定定罪处罚。

第一百五十条　单位犯本节第一百四十条至第一百四十八条规定之罪的,对单位判处罚金,并对其直接负责的主管人员和其他直接责任人员,依照各该条的规定处罚。

第二百一十三条 未经注册商标所有人许可,在同一种商品、服务上使用与其注册商标相同的商标,情节严重的,处三年以下有期徒刑,并处或者单处罚金;情节特别严重的,处三年以上十年以下有期徒刑,并处罚金。

第二百一十四条 销售明知是假冒注册商标的商品,违法所得数额较大或者有其他严重情节的,处三年以下有期徒刑,并处或者单处罚金;违法所得数额巨大或者有其他特别严重情节的,处三年以上十年以下有期徒刑,并处罚金。

第二百一十五条 伪造、擅自制造他人注册商标标识或者销售伪造、擅自制造的注册商标标识,情节严重的,处三年以下有期徒刑,并处或者单处罚金;情节特别严重的,处三年以上十年以下有期徒刑,并处罚金。

第二百二十条 单位犯本节第二百一十三条至第二百一十九条之一规定之罪的,对单位判处罚金,并对其直接负责的主管人员和其他直接责任人员,依照本节各该条的规定处罚。

第二百二十二条 广告主、广告经营者、广告发布者违反国家规定,利用广告对商品或者服务作虚假宣传,情节严重的,处二年以下有期徒刑或者拘役,并处或者单处罚金。

第三百九十七条 国家机关工作人员滥用职权或者玩忽职守,致使公共财产、国家和人民利益遭受重大损失的,处三年以下有期徒刑或者拘役;情节特别严重的,处三年以上七年以下有期徒刑。本法另有规定的,依照规定。

国家机关工作人员徇私舞弊,犯前款罪的,处五年以下有期徒刑或者拘役;情节特别严重的,处五年以上十年以下有期徒刑。本法另有规定的,依照规定。

第四百一十四条 对生产、销售伪劣商品犯罪行为负有追究责任的国家机关工作人员,徇私舞弊,不履行法律规定的追究职责,情节严重的,处五年以下有期徒刑或者拘役。

中华人民共和国广告法(节录)

(1994年10月27日第八届全国人民代表大会常务委员会第十次会议通过　2015年4月24日第十二届全国人民代表大会常务委员会第十四次会议修订　根据2018年10月26日第十三届全国人民代表大会常务委员会第六次会议《关于修改〈中华人民共和国野生动物保护法〉等十五部法律的决定》第一次修正　根据2021年4月29日第十三届全国人民代表大会常务委员会第二十八次会议《关于修改〈中华人民共和国道路交通安全法〉等八部法律的决定》第二次修正)

第二十八条　广告以虚假或者引人误解的内容欺骗、误导消费者的,构成虚假广告。

广告有下列情形之一的,为虚假广告:

(一)商品或者服务不存在的;

(二)商品的性能、功能、产地、用途、质量、规格、成分、价格、生产者、有效期限、销售状况、曾获荣誉等信息,或者服务的内容、提供者、形式、质量、价格、销售状况、曾获荣誉等信息,以及与商品或者服务有关的允诺等信息与实际情况不符,对购买行为有实质性影响的;

(三)使用虚构、伪造或者无法验证的科研成果、统计资料、调查结果、文摘、引用语等信息作证明材料的;

(四)虚构使用商品或者接受服务的效果的;

（五）以虚假或者引人误解的内容欺骗、误导消费者的其他情形。

第五十五条　违反本法规定，发布虚假广告的，由市场监督管理部门责令停止发布广告，责令广告主在相应范围内消除影响，处广告费用三倍以上五倍以下的罚款，广告费用无法计算或者明显偏低的，处二十万元以上一百万元以下的罚款；两年内有三次以上违法行为或者有其他严重情节的，处广告费用五倍以上十倍以下的罚款，广告费用无法计算或者明显偏低的，处一百万元以上二百万元以下的罚款，可以吊销营业执照，并由广告审查机关撤销广告审查批准文件、一年内不受理其广告审查申请。

医疗机构有前款规定违法行为，情节严重的，除由市场监督管理部门依照本法处罚外，卫生行政部门可以吊销诊疗科目或者吊销医疗机构执业许可证。

广告经营者、广告发布者明知或者应知广告虚假仍设计、制作、代理、发布的，由市场监督管理部门没收广告费用，并处广告费用三倍以上五倍以下的罚款，广告费用无法计算或者明显偏低的，处二十万元以上一百万元以下的罚款；两年内有三次以上违法行为或者有其他严重情节的，处广告费用五倍以上十倍以下的罚款，广告费用无法计算或者明显偏低的，处一百万元以上二百万元以下的罚款，并可以由有关部门暂停广告发布业务、吊销营业执照。

广告主、广告经营者、广告发布者有本条第一款、第三款规定行为，构成犯罪的，依法追究刑事责任。

第五十六条　违反本法规定，发布虚假广告，欺骗、误导消费者，使购买商品或者接受服务的消费者的合法权益受到损害的，由广告主依法承担民事责任。广告经营者、广告发布者不能提供广告主的真实名称、地址和有效联系方式的，消费者可以要求广告经营者、广告发布者先行赔偿。

关系消费者生命健康的商品或者服务的虚假广告，造成消费者损害的,其广告经营者、广告发布者、广告代言人应当与广告主承担连带责任。

前款规定以外的商品或者服务的虚假广告,造成消费者损害的,其广告经营者、广告发布者、广告代言人,明知或者应知广告虚假仍设计、制作、代理、发布或者作推荐、证明的,应当与广告主承担连带责任。

中华人民共和国食品安全法(节录)

(2009年2月28日第十一届全国人民代表大会常务委员会第七次会议通过　2015年4月24日第十二届全国人民代表大会常务委员会第十四次会议修订　根据2018年12月29日第十三届全国人民代表大会常务委员会第七次会议《关于修改〈中华人民共和国产品质量法〉等五部法律的决定》第一次修正　根据2021年4月29日第十三届全国人民代表大会常务委员会第二十八次会议《关于修改〈中华人民共和国道路交通安全法〉等八部法律的决定》第二次修正)

第四章　食品生产经营

第一节　一般规定

第三十三条　食品生产经营应当符合食品安全标准,并符合下列要求：

（一）具有与生产经营的食品品种、数量相适应的食品原料处理和食品加工、包装、贮存等场所，保持该场所环境整洁，并与有毒、有害场所以及其他污染源保持规定的距离；

（二）具有与生产经营的食品品种、数量相适应的生产经营设备或者设施，有相应的消毒、更衣、盥洗、采光、照明、通风、防腐、防尘、防蝇、防鼠、防虫、洗涤以及处理废水、存放垃圾和废弃物的设备或者设施；

（三）有专职或者兼职的食品安全专业技术人员、食品安全管理人员和保证食品安全的规章制度；

（四）具有合理的设备布局和工艺流程，防止待加工食品与直接入口食品、原料与成品交叉污染，避免食品接触有毒物、不洁物；

（五）餐具、饮具和盛放直接入口食品的容器，使用前应当洗净、消毒，炊具、用具用后应当洗净，保持清洁；

（六）贮存、运输和装卸食品的容器、工具和设备应当安全、无害，保持清洁，防止食品污染，并符合保证食品安全所需的温度、湿度等特殊要求，不得将食品与有毒、有害物品一同贮存、运输；

（七）直接入口的食品应当使用无毒、清洁的包装材料、餐具、饮具和容器；

（八）食品生产经营人员应当保持个人卫生，生产经营食品时，应当将手洗净，穿戴清洁的工作衣、帽等；销售无包装的直接入口食品时，应当使用无毒、清洁的容器、售货工具和设备；

（九）用水应当符合国家规定的生活饮用水卫生标准；

（十）使用的洗涤剂、消毒剂应当对人体安全、无害；

（十一）法律、法规规定的其他要求。

非食品生产经营者从事食品贮存、运输和装卸的，应当符合前款第六项的规定。

第三十四条 禁止生产经营下列食品、食品添加剂、食品相关产品：

（一）用非食品原料生产的食品或者添加食品添加剂以外的化学物质和其他可能危害人体健康物质的食品，或者用回收食品作为原料生产的食品；

（二）致病性微生物，农药残留、兽药残留、生物毒素、重金属等污染物质以及其他危害人体健康的物质含量超过食品安全标准限量的食品、食品添加剂、食品相关产品；

（三）用超过保质期的食品原料、食品添加剂生产的食品、食品添加剂；

（四）超范围、超限量使用食品添加剂的食品；

（五）营养成分不符合食品安全标准的专供婴幼儿和其他特定人群的主辅食品；

（六）腐败变质、油脂酸败、霉变生虫、污秽不洁、混有异物、掺假掺杂或者感官性状异常的食品、食品添加剂；

（七）病死、毒死或者死因不明的禽、畜、兽、水产动物肉类及其制品；

（八）未按规定进行检疫或者检疫不合格的肉类，或者未经检验或者检验不合格的肉类制品；

（九）被包装材料、容器、运输工具等污染的食品、食品添加剂；

（十）标注虚假生产日期、保质期或者超过保质期的食品、食品添加剂；

（十一）无标签的预包装食品、食品添加剂；

（十二）国家为防病等特殊需要明令禁止生产经营的食品；

（十三）其他不符合法律、法规或者食品安全标准的食品、食品添加剂、食品相关产品。

第三十五条　国家对食品生产经营实行许可制度。从事食品生产、食品销售、餐饮服务，应当依法取得许可。但是，销售食用农产品和仅销售预包装食品的，不需要取得许可。仅销售预包装食品的，应当报所在地县级以上地方人民政府食品安全监督管理部门备案。

县级以上地方人民政府食品安全监督管理部门应当依照《中华人民共和国行政许可法》的规定,审核申请人提交的本法第三十三条第一款第一项至第四项规定要求的相关资料,必要时对申请人的生产经营场所进行现场核查;对符合规定条件的,准予许可;对不符合规定条件的,不予许可并书面说明理由。

第三十六条 食品生产加工小作坊和食品摊贩等从事食品生产经营活动,应当符合本法规定的与其生产经营规模、条件相适应的食品安全要求,保证所生产经营的食品卫生、无毒、无害,食品安全监督管理部门应当对其加强监督管理。

县级以上地方人民政府应当对食品生产加工小作坊、食品摊贩等进行综合治理,加强服务和统一规划,改善其生产经营环境,鼓励和支持其改进生产经营条件,进入集中交易市场、店铺等固定场所经营,或者在指定的临时经营区域、时段经营。

食品生产加工小作坊和食品摊贩等的具体管理办法由省、自治区、直辖市制定。

第三十七条 利用新的食品原料生产食品,或者生产食品添加剂新品种、食品相关产品新品种,应当向国务院卫生行政部门提交相关产品的安全性评估材料。国务院卫生行政部门应当自收到申请之日起六十日内组织审查;对符合食品安全要求的,准予许可并公布;对不符合食品安全要求的,不予许可并书面说明理由。

第三十八条 生产经营的食品中不得添加药品,但是可以添加按照传统既是食品又是中药材的物质。按照传统既是食品又是中药材的物质目录由国务院卫生行政部门会同国务院食品安全监督管理部门制定、公布。

第三十九条 国家对食品添加剂生产实行许可制度。从事食品添加剂生产,应当具有与所生产食品添加剂品种相适应的场所、生产设备或者设施、专业技术人员和管理制度,并依照本法第三十五条第二款规定的程序,取得食品添加剂生产许可。

生产食品添加剂应当符合法律、法规和食品安全国家标准。

第四十条　食品添加剂应当在技术上确有必要且经过风险评估证明安全可靠,方可列入允许使用的范围;有关食品安全国家标准应当根据技术必要性和食品安全风险评估结果及时修订。

食品生产经营者应当按照食品安全国家标准使用食品添加剂。

第四十一条　生产食品相关产品应当符合法律、法规和食品安全国家标准。对直接接触食品的包装材料等具有较高风险的食品相关产品,按照国家有关工业产品生产许可证管理的规定实施生产许可。食品安全监督管理部门应当加强对食品相关产品生产活动的监督管理。

第四十二条　国家建立食品安全全程追溯制度。

食品生产经营者应当依照本法的规定,建立食品安全追溯体系,保证食品可追溯。国家鼓励食品生产经营者采用信息化手段采集、留存生产经营信息,建立食品安全追溯体系。

国务院食品安全监督管理部门会同国务院农业行政等有关部门建立食品安全全程追溯协作机制。

第四十三条　地方各级人民政府应当采取措施鼓励食品规模化生产和连锁经营、配送。

国家鼓励食品生产经营企业参加食品安全责任保险。

第二节　生产经营过程控制

第四十四条　食品生产经营企业应当建立健全食品安全管理制度,对职工进行食品安全知识培训,加强食品检验工作,依法从事生产经营活动。

食品生产经营企业的主要负责人应当落实企业食品安全管理制度,对本企业的食品安全工作全面负责。

食品生产经营企业应当配备食品安全管理人员，加强对其培训和考核。经考核不具备食品安全管理能力的，不得上岗。食品安全监督管理部门应当对企业食品安全管理人员随机进行监督抽查考核并公布考核情况。监督抽查考核不得收取费用。

第四十五条 食品生产经营者应当建立并执行从业人员健康管理制度。患有国务院卫生行政部门规定的有碍食品安全疾病的人员，不得从事接触直接入口食品的工作。

从事接触直接入口食品工作的食品生产经营人员应当每年进行健康检查，取得健康证明后方可上岗工作。

第四十六条 食品生产企业应当就下列事项制定并实施控制要求，保证所生产的食品符合食品安全标准：

（一）原料采购、原料验收、投料等原料控制；

（二）生产工序、设备、贮存、包装等生产关键环节控制；

（三）原料检验、半成品检验、成品出厂检验等检验控制；

（四）运输和交付控制。

第四十七条 食品生产经营者应当建立食品安全自查制度，定期对食品安全状况进行检查评价。生产经营条件发生变化，不再符合食品安全要求的，食品生产经营者应当立即采取整改措施；有发生食品安全事故潜在风险的，应当立即停止食品生产经营活动，并向所在地县级人民政府食品安全监督管理部门报告。

第四十八条 国家鼓励食品生产经营企业符合良好生产规范要求，实施危害分析与关键控制点体系，提高食品安全管理水平。

对通过良好生产规范、危害分析与关键控制点体系认证的食品生产经营企业，认证机构应当依法实施跟踪调查；对不再符合认证要求的企业，应当依法撤销认证，及时向县级以上人民政府食品安全监督管理部门通报，并向社会公布。认证机构实施跟踪调查不得收取费用。

第四十九条 食用农产品生产者应当按照食品安全标准和国家

有关规定使用农药、肥料、兽药、饲料和饲料添加剂等农业投入品,严格执行农业投入品使用安全间隔期或者休药期的规定,不得使用国家明令禁止的农业投入品。禁止将剧毒、高毒农药用于蔬菜、瓜果、茶叶和中草药材等国家规定的农作物。

食用农产品的生产企业和农民专业合作经济组织应当建立农业投入品使用记录制度。

县级以上人民政府农业行政部门应当加强对农业投入品使用的监督管理和指导,建立健全农业投入品安全使用制度。

第五十条　食品生产者采购食品原料、食品添加剂、食品相关产品,应当查验供货者的许可证和产品合格证明;对无法提供合格证明的食品原料,应当按照食品安全标准进行检验;不得采购或者使用不符合食品安全标准的食品原料、食品添加剂、食品相关产品。

食品生产企业应当建立食品原料、食品添加剂、食品相关产品进货查验记录制度,如实记录食品原料、食品添加剂、食品相关产品的名称、规格、数量、生产日期或者生产批号、保质期、进货日期以及供货者名称、地址、联系方式等内容,并保存相关凭证。记录和凭证保存期限不得少于产品保质期满后六个月;没有明确保质期的,保存期限不得少于二年。

第五十一条　食品生产企业应当建立食品出厂检验记录制度,查验出厂食品的检验合格证和安全状况,如实记录食品的名称、规格、数量、生产日期或者生产批号、保质期、检验合格证号、销售日期以及购货者名称、地址、联系方式等内容,并保存相关凭证。记录和凭证保存期限应当符合本法第五十条第二款的规定。

第五十二条　食品、食品添加剂、食品相关产品的生产者,应当按照食品安全标准对所生产的食品、食品添加剂、食品相关产品进行检验,检验合格后方可出厂或者销售。

第五十三条　食品经营者采购食品,应当查验供货者的许可证和食品出厂检验合格证或者其他合格证明(以下称合格证明文件)。

食品经营企业应当建立食品进货查验记录制度,如实记录食品的名称、规格、数量、生产日期或者生产批号、保质期、进货日期以及供货者名称、地址、联系方式等内容,并保存相关凭证。记录和凭证保存期限应当符合本法第五十条第二款的规定。

实行统一配送经营方式的食品经营企业,可以由企业总部统一查验供货者的许可证和食品合格证明文件,进行食品进货查验记录。

从事食品批发业务的经营企业应当建立食品销售记录制度,如实记录批发食品的名称、规格、数量、生产日期或者生产批号、保质期、销售日期以及购货者名称、地址、联系方式等内容,并保存相关凭证。记录和凭证保存期限应当符合本法第五十条第二款的规定。

第五十四条 食品经营者应当按照保证食品安全的要求贮存食品,定期检查库存食品,及时清理变质或者超过保质期的食品。

食品经营者贮存散装食品,应当在贮存位置标明食品的名称、生产日期或者生产批号、保质期、生产者名称及联系方式等内容。

第五十五条 餐饮服务提供者应当制定并实施原料控制要求,不得采购不符合食品安全标准的食品原料。倡导餐饮服务提供者公开加工过程,公示食品原料及其来源等信息。

餐饮服务提供者在加工过程中应当检查待加工的食品及原料,发现有本法第三十四条第六项规定情形的,不得加工或者使用。

第五十六条 餐饮服务提供者应当定期维护食品加工、贮存、陈列等设施、设备;定期清洗、校验保温设施及冷藏、冷冻设施。

餐饮服务提供者应当按照要求对餐具、饮具进行清洗消毒,不得使用未经清洗消毒的餐具、饮具;餐饮服务提供者委托清洗消毒餐具、饮具的,应当委托符合本法规定条件的餐具、饮具集中消毒服务单位。

第五十七条 学校、托幼机构、养老机构、建筑工地等集中用餐单位的食堂应当严格遵守法律、法规和食品安全标准;从供餐单位订餐的,应当从取得食品生产经营许可的企业订购,并按照要求对订购的食品进行查验。供餐单位应当严格遵守法律、法规和食品安全标准,当餐加工,确保食品安全。

学校、托幼机构、养老机构、建筑工地等集中用餐单位的主管部门应当加强对集中用餐单位的食品安全教育和日常管理,降低食品安全风险,及时消除食品安全隐患。

第五十八条　餐具、饮具集中消毒服务单位应当具备相应的作业场所、清洗消毒设备或者设施,用水和使用的洗涤剂、消毒剂应当符合相关食品安全国家标准和其他国家标准、卫生规范。

餐具、饮具集中消毒服务单位应当对消毒餐具、饮具进行逐批检验,检验合格后方可出厂,并应当随附消毒合格证明。消毒后的餐具、饮具应当在独立包装上标注单位名称、地址、联系方式、消毒日期以及使用期限等内容。

第五十九条　食品添加剂生产者应当建立食品添加剂出厂检验记录制度,查验出厂产品的检验合格证和安全状况,如实记录食品添加剂的名称、规格、数量、生产日期或者生产批号、保质期、检验合格证号、销售日期以及购货者名称、地址、联系方式等相关内容,并保存相关凭证。记录和凭证保存期限应当符合本法第五十条第二款的规定。

第六十条　食品添加剂经营者采购食品添加剂,应当依法查验供货者的许可证和产品合格证明文件,如实记录食品添加剂的名称、规格、数量、生产日期或者生产批号、保质期、进货日期以及供货者名称、地址、联系方式等内容,并保存相关凭证。记录和凭证保存期限应当符合本法第五十条第二款的规定。

第六十一条　集中交易市场的开办者、柜台出租者和展销会举办者,应当依法审查入场食品经营者的许可证,明确其食品安全管理责任,定期对其经营环境和条件进行检查,发现其有违反本法规定行为的,应当及时制止并立即报告所在地县级人民政府食品安全监督管理部门。

第六十二条 网络食品交易第三方平台提供者应当对入网食品经营者进行实名登记,明确其食品安全管理责任;依法应当取得许可证的,还应当审查其许可证。

网络食品交易第三方平台提供者发现入网食品经营者有违反本法规定行为的,应当及时制止并立即报告所在地县级人民政府食品安全监督管理部门;发现严重违法行为的,应当立即停止提供网络交易平台服务。

第六十三条 国家建立食品召回制度。食品生产者发现其生产的食品不符合食品安全标准或者有证据证明可能危害人体健康的,应当立即停止生产,召回已经上市销售的食品,通知相关生产经营者和消费者,并记录召回和通知情况。

食品经营者发现其经营的食品有前款规定情形的,应当立即停止经营,通知相关生产经营者和消费者,并记录停止经营和通知情况。食品生产者认为应当召回的,应当立即召回。由于食品经营者的原因造成其经营的食品有前款规定情形的,食品经营者应当召回。

食品生产经营者应当对召回的食品采取无害化处理、销毁等措施,防止其再次流入市场。但是,对因标签、标志或者说明书不符合食品安全标准而被召回的食品,食品生产者在采取补救措施且能保证食品安全的情况下可以继续销售;销售时应当向消费者明示补救措施。

食品生产经营者应当将食品召回和处理情况向所在地县级人民政府食品安全监督管理部门报告;需要对召回的食品进行无害化处理、销毁的,应当提前报告时间、地点。食品安全监督管理部门认为必要的,可以实施现场监督。

食品生产经营者未依照本条规定召回或者停止经营的,县级以上人民政府食品安全监督管理部门可以责令其召回或者停止经营。

第六十四条 食用农产品批发市场应当配备检验设备和检验人员或者委托符合本法规定的食品检验机构,对进入该批发市场销售的食用农产品进行抽样检验;发现不符合食品安全标准的,应当要求销售者立即停止销售,并向食品安全监督管理部门报告。

第六十五条　食用农产品销售者应当建立食用农产品进货查验记录制度,如实记录食用农产品的名称、数量、进货日期以及供货者名称、地址、联系方式等内容,并保存相关凭证。记录和凭证保存期限不得少于六个月。

第六十六条　进入市场销售的食用农产品在包装、保鲜、贮存、运输中使用保鲜剂、防腐剂等食品添加剂和包装材料等食品相关产品,应当符合食品安全国家标准。

第三节　标签、说明书和广告

第六十七条　预包装食品的包装上应当有标签。标签应当标明下列事项:

(一)名称、规格、净含量、生产日期;

(二)成分或者配料表;

(三)生产者的名称、地址、联系方式;

(四)保质期;

(五)产品标准代号;

(六)贮存条件;

(七)所使用的食品添加剂在国家标准中的通用名称;

(八)生产许可证编号;

(九)法律、法规或者食品安全标准规定应当标明的其他事项。

专供婴幼儿和其他特定人群的主辅食品,其标签还应当标明主要营养成分及其含量。

食品安全国家标准对标签标注事项另有规定的,从其规定。

第六十八条　食品经营者销售散装食品,应当在散装食品的容器、外包装上标明食品的名称、生产日期或者生产批号、保质期以及生产经营者名称、地址、联系方式等内容。

第六十九条 生产经营转基因食品应当按照规定显著标示。

第七十条 食品添加剂应当有标签、说明书和包装。标签、说明书应当载明本法第六十七条第一款第一项至第六项、第八项、第九项规定的事项，以及食品添加剂的使用范围、用量、使用方法，并在标签上载明“食品添加剂”字样。

第七十一条 食品和食品添加剂的标签、说明书，不得含有虚假内容，不得涉及疾病预防、治疗功能。生产经营者对其提供的标签、说明书的内容负责。

食品和食品添加剂的标签、说明书应当清楚、明显，生产日期、保质期等事项应当显著标注，容易辨识。

食品和食品添加剂与其标签、说明书的内容不符的，不得上市销售。

第七十二条 食品经营者应当按照食品标签标示的警示标志、警示说明或者注意事项的要求销售食品。

第七十三条 食品广告的内容应当真实合法，不得含有虚假内容，不得涉及疾病预防、治疗功能。食品生产经营者对食品广告内容的真实性、合法性负责。

县级以上人民政府食品安全监督管理部门和其他有关部门以及食品检验机构、食品行业协会不得以广告或者其他形式向消费者推荐食品。消费者组织不得以收取费用或者其他牟取利益的方式向消费者推荐食品。

第四节 特 殊 食 品

第七十四条 国家对保健食品、特殊医学用途配方食品和婴幼儿配方食品等特殊食品实行严格监督管理。

第七十五条 保健食品声称保健功能，应当具有科学依据，不得对人体产生急性、亚急性或者慢性危害。

保健食品原料目录和允许保健食品声称的保健功能目录,由国务院食品安全监督管理部门会同国务院卫生行政部门、国家中医药管理部门制定、调整并公布。

保健食品原料目录应当包括原料名称、用量及其对应的功效;列入保健食品原料目录的原料只能用于保健食品生产,不得用于其他食品生产。

第七十六条　使用保健食品原料目录以外原料的保健食品和首次进口的保健食品应当经国务院食品安全监督管理部门注册。但是,首次进口的保健食品中属于补充维生素、矿物质等营养物质的,应当报国务院食品安全监督管理部门备案。其他保健食品应当报省、自治区、直辖市人民政府食品安全监督管理部门备案。

进口的保健食品应当是出口国(地区)主管部门准许上市销售的产品。

第七十七条　依法应当注册的保健食品,注册时应当提交保健食品的研发报告、产品配方、生产工艺、安全性和保健功能评价、标签、说明书等材料及样品,并提供相关证明文件。国务院食品安全监督管理部门经组织技术审评,对符合安全和功能声称要求的,准予注册;对不符合要求的,不予注册并书面说明理由。对使用保健食品原料目录以外原料的保健食品作出准予注册决定的,应当及时将该原料纳入保健食品原料目录。

依法应当备案的保健食品,备案时应当提交产品配方、生产工艺、标签、说明书以及表明产品安全性和保健功能的材料。

第七十八条　保健食品的标签、说明书不得涉及疾病预防、治疗功能,内容应当真实,与注册或者备案的内容相一致,载明适宜人群、不适宜人群、功效成分或者标志性成分及其含量等,并声明“本品不能代替药物”。保健食品的功能和成分应当与标签、说明书相一致。

第七十九条　保健食品广告除应当符合本法第七十三条第一款

的规定外,还应当声明“本品不能代替药物”;其内容应当经生产企业所在地省、自治区、直辖市人民政府食品安全监督管理部门审查批准,取得保健食品广告批准文件。省、自治区、直辖市人民政府食品安全监督管理部门应当公布并及时更新已经批准的保健食品广告目录以及批准的广告内容。

第八十条　特殊医学用途配方食品应当经国务院食品安全监督管理部门注册。注册时,应当提交产品配方、生产工艺、标签、说明书以及表明产品安全性、营养充足性和特殊医学用途临床效果的材料。

特殊医学用途配方食品广告适用《中华人民共和国广告法》和其他法律、行政法规关于药品广告管理的规定。

第八十一条　婴幼儿配方食品生产企业应当实施从原料进厂到成品出厂的全过程质量控制,对出厂的婴幼儿配方食品实施逐批检验,保证食品安全。

生产婴幼儿配方食品使用的生鲜乳、辅料等食品原料、食品添加剂等,应当符合法律、行政法规的规定和食品安全国家标准,保证婴幼儿生长发育所需的营养成分。

婴幼儿配方食品生产企业应当将食品原料、食品添加剂、产品配方及标签等事项向省、自治区、直辖市人民政府食品安全监督管理部门备案。

婴幼儿配方乳粉的产品配方应当经国务院食品安全监督管理部门注册。注册时,应当提交配方研发报告和其他表明配方科学性、安全性的材料。

不得以分装方式生产婴幼儿配方乳粉,同一企业不得用同一配方生产不同品牌的婴幼儿配方乳粉。

第八十二条　保健食品、特殊医学用途配方食品、婴幼儿配方乳粉的注册人或者备案人应当对其提交材料的真实性负责。

省级以上人民政府食品安全监督管理部门应当及时公布注册或者备案的保健食品、特殊医学用途配方食品、婴幼儿配方乳粉目录,并对注册或者备案中获知的企业商业秘密予以保密。

保健食品、特殊医学用途配方食品、婴幼儿配方乳粉生产企业应当按照注册或者备案的产品配方、生产工艺等技术要求组织生产。

第八十三条 生产保健食品,特殊医学用途配方食品、婴幼儿配方食品和其他专供特定人群的主辅食品的企业,应当按照良好生产规范的要求建立与所生产食品相适应的生产质量管理体系,定期对该体系的运行情况进行自查,保证其有效运行,并向所在地县级人民政府食品安全监督管理部门提交自查报告。

第五章 食 品 检 验

第八十四条 食品检验机构按照国家有关认证认可的规定取得资质认定后,方可从事食品检验活动。但是,法律另有规定的除外。

食品检验机构的资质认定条件和检验规范,由国务院食品安全监督管理部门规定。

符合本法规定的食品检验机构出具的检验报告具有同等效力。

县级以上人民政府应当整合食品检验资源,实现资源共享。

第八十五条 食品检验由食品检验机构指定的检验人独立进行。

检验人应当依照有关法律、法规的规定,并按照食品安全标准和检验规范对食品进行检验,尊重科学,恪守职业道德,保证出具的检验数据和结论客观、公正,不得出具虚假检验报告。

第八十六条 食品检验实行食品检验机构与检验人负责制。食品检验报告应当加盖食品检验机构公章,并有检验人的签名或者盖章。食品检验机构和检验人对出具的食品检验报告负责。

第八十七条 县级以上人民政府食品安全监督管理部门应当对食品进行定期或者不定期的抽样检验,并依据有关规定公布检验结果,不得免检。进行抽样检验,应当购买抽取的样品,委托符合本法规定的食品检验机构进行检验，并支付相关费用；不得向食品生产经营者收取检验费和其他费用。

第八十八条　对依照本法规定实施的检验结论有异议的，食品生产经营者可以自收到检验结论之日起七个工作日内向实施抽样检验的食品安全监督管理部门或者其上一级食品安全监督管理部门提出复检申请，由受理复检申请的食品安全监督管理部门在公布的复检机构名录中随机确定复检机构进行复检。复检机构出具的复检结论为最终检验结论。复检机构与初检机构不得为同一机构。复检机构名录由国务院认证认可监督管理、食品安全监督管理、卫生行政、农业行政等部门共同公布。

采用国家规定的快速检测方法对食用农产品进行抽查检测，被抽查人对检测结果有异议的，可以自收到检测结果时起四小时内申请复检。复检不得采用快速检测方法。

第八十九条　食品生产企业可以自行对所生产的食品进行检验，也可以委托符合本法规定的食品检验机构进行检验。

食品行业协会和消费者协会等组织、消费者需要委托食品检验机构对食品进行检验的，应当委托符合本法规定的食品检验机构进行。

第九十条　食品添加剂的检验，适用本法有关食品检验的规定。

第九章　法律责任

第一百二十二条　违反本法规定，未取得食品生产经营许可从事食品生产经营活动，或者未取得食品添加剂生产许可从事食品添加剂生产活动的，由县级以上人民政府食品安全监督管理部门没收违法所得和违法生产经营的食品、食品添加剂以及用于违法生产经营的工具、设备、原料等物品；违法生产经营的食品、食品添加剂货值金额不足一万元的，并处五万元以上十万元以下罚款；货值金额一万元以上的,并处货值金额十倍以上二十倍以下罚款。

明知从事前款规定的违法行为,仍为其提供生产经营场所或者其他条件的,由县级以上人民政府食品安全监督管理部门责令停止违法行为,没收违法所得,并处五万元以上十万元以下罚款;使消费者的合法权益受到损害的,应当与食品、食品添加剂生产经营者承担连带责任。

第一百二十三条　违反本法规定,有下列情形之一,尚不构成犯罪的,由县级以上人民政府食品安全监督管理部门没收违法所得和违法生产经营的食品,并可以没收用于违法生产经营的工具、设备、原料等物品;违法生产经营的食品货值金额不足一万元的,并处十万元以上十五万元以下罚款;货值金额一万元以上的,并处货值金额十五倍以上三十倍以下罚款;情节严重的,吊销许可证,并可以由公安机关对其直接负责的主管人员和其他直接责任人员处五日以上十五日以下拘留:

(一)用非食品原料生产食品、在食品中添加食品添加剂以外的化学物质和其他可能危害人体健康的物质,或者用回收食品作为原料生产食品,或者经营上述食品;

(二)生产经营营养成分不符合食品安全标准的专供婴幼儿和其他特定人群的主辅食品;

(三)经营病死、毒死或者死因不明的禽、畜、兽、水产动物肉类,或者生产经营其制品;

(四)经营未按规定进行检疫或者检疫不合格的肉类,或者生产经营未经检验或者检验不合格的肉类制品;

(五)生产经营国家为防病等特殊需要明令禁止生产经营的食品;

(六)生产经营添加药品的食品。

明知从事前款规定的违法行为,仍为其提供生产经营场所或者其他条件的,由县级以上人民政府食品安全监督管理部门责令停止违法行为,没收违法所得,并处十万元以上二十万元以下罚款;使消费者的合法权益受到损害的,应当与食品生产经营者承担连带责任。

违法使用剧毒、高毒农药的,除依照有关法律、法规规定给予处罚外,可以由公安机关依照第一款规定给予拘留。

第一百二十四条 违反本法规定,有下列情形之一,尚不构成犯罪的,由县级以上人民政府食品安全监督管理部门没收违法所得和违法生产经营的食品、食品添加剂,并可以没收用于违法生产经营的工具、设备、原料等物品;违法生产经营的食品、食品添加剂货值金额不足一万元的,并处五万元以上十万元以下罚款;货值金额一万元以上的,并处货值金额十倍以上二十倍以下罚款;情节严重的,吊销许可证:

(一)生产经营致病性微生物,农药残留、兽药残留、生物毒素、重金属等污染物质以及其他危害人体健康的物质含量超过食品安全标准限量的食品、食品添加剂;

(二)用超过保质期的食品原料、食品添加剂生产食品、食品添加剂,或者经营上述食品、食品添加剂;

(三)生产经营超范围、超限量使用食品添加剂的食品;

(四)生产经营腐败变质、油脂酸败、霉变生虫、污秽不洁、混有异物、掺假掺杂或者感官性状异常的食品、食品添加剂;

(五)生产经营标注虚假生产日期、保质期或者超过保质期的食品、食品添加剂;

(六)生产经营未按规定注册的保健食品、特殊医学用途配方食品、婴幼儿配方乳粉,或者未按注册的产品配方、生产工艺等技术要求组织生产;

(七)以分装方式生产婴幼儿配方乳粉,或者同一企业以同一配方生产不同品牌的婴幼儿配方乳粉;

(八)利用新的食品原料生产食品,或者生产食品添加剂新品种,未通过安全性评估;

(九)食品生产经营者在食品安全监督管理部门责令其召回或者停止经营后,仍拒不召回或者停止经营。

除前款和本法第一百二十三条、第一百二十五条规定的情形外,生产经营不符合法律、法规或者食品安全标准的食品、食品添加剂的,依照前款规定给予处罚。

生产食品相关产品新品种,未通过安全性评估,或者生产不符合食品安全标准的食品相关产品的,由县级以上人民政府食品安全监督管理部门依照第一款规定给予处罚。

第一百二十五条　违反本法规定,有下列情形之一的,由县级以上人民政府食品安全监督管理部门没收违法所得和违法生产经营的食品、食品添加剂,并可以没收用于违法生产经营的工具、设备、原料等物品;违法生产经营的食品、食品添加剂货值金额不足一万元的,并处五千元以上五万元以下罚款;货值金额一万元以上的,并处货值金额五倍以上十倍以下罚款;情节严重的,责令停产停业,直至吊销许可证:

(一)生产经营被包装材料、容器、运输工具等污染的食品、食品添加剂;

(二)生产经营无标签的预包装食品、食品添加剂或者标签、说明书不符合本法规定的食品、食品添加剂;

(三)生产经营转基因食品未按规定进行标示;

(四)食品生产经营者采购或者使用不符合食品安全标准的食品原料、食品添加剂、食品相关产品。

生产经营的食品、食品添加剂的标签、说明书存在瑕疵但不影响食品安全且不会对消费者造成误导的,由县级以上人民政府食品安全监督管理部门责令改正;拒不改正的,处二千元以下罚款。

第一百二十六条　违反本法规定,有下列情形之一的,由县级以上人民政府食品安全监督管理部门责令改正,给予警告;拒不改正的,处五千元以上五万元以下罚款;情节严重的,责令停产停业,直至吊销许可证：

（一）食品、食品添加剂生产者未按规定对采购的食品原料和生产的食品、食品添加剂进行检验；

（二）食品生产经营企业未按规定建立食品安全管理制度，或者未按规定配备或者培训、考核食品安全管理人员；

（三）食品、食品添加剂生产经营者进货时未查验许可证和相关证明文件，或者未按规定建立并遵守进货查验记录、出厂检验记录和销售记录制度；

（四）食品生产经营企业未制定食品安全事故处置方案；

（五）餐具、饮具和盛放直接入口食品的容器，使用前未经洗净、消毒或者清洗消毒不合格，或者餐饮服务设施、设备未按规定定期维护、清洗、校验；

（六）食品生产经营者安排未取得健康证明或者患有国务院卫生行政部门规定的有碍食品安全疾病的人员从事接触直接入口食品的工作；

（七）食品经营者未按规定要求销售食品；

（八）保健食品生产企业未按规定向食品安全监督管理部门备案，或者未按备案的产品配方、生产工艺等技术要求组织生产；

（九）婴幼儿配方食品生产企业未将食品原料、食品添加剂、产品配方、标签等向食品安全监督管理部门备案；

（十）特殊食品生产企业未按规定建立生产质量管理体系并有效运行，或者未定期提交自查报告；

（十一）食品生产经营者未定期对食品安全状况进行检查评价，或者生产经营条件发生变化，未按规定处理；

（十二）学校、托幼机构、养老机构、建筑工地等集中用餐单位未按规定履行食品安全管理责任；

（十三）食品生产企业、餐饮服务提供者未按规定制定、实施生产经营过程控制要求。

餐具、饮具集中消毒服务单位违反本法规定用水,使用洗涤剂、消毒剂,或者出厂的餐具、饮具未按规定检验合格并随附消毒合格证明,或者未按规定在独立包装上标注相关内容的,由县级以上人民政府卫生行政部门依照前款规定给予处罚。

食品相关产品生产者未按规定对生产的食品相关产品进行检验的,由县级以上人民政府食品安全监督管理部门依照第一款规定给予处罚。

食用农产品销售者违反本法第六十五条规定的,由县级以上人民政府食品安全监督管理部门依照第一款规定给予处罚。

第一百二十七条　对食品生产加工小作坊、食品摊贩等的违法行为的处罚,依照省、自治区、直辖市制定的具体管理办法执行。

第一百二十八条　违反本法规定,事故单位在发生食品安全事故后未进行处置、报告的,由有关主管部门按照各自职责分工责令改正,给予警告;隐匿、伪造、毁灭有关证据的,责令停产停业,没收违法所得,并处十万元以上五十万元以下罚款;造成严重后果的,吊销许可证。

第一百二十九条　违反本法规定,有下列情形之一的,由出入境检验检疫机构依照本法第一百二十四条的规定给予处罚:

(一)提供虚假材料,进口不符合我国食品安全国家标准的食品、食品添加剂、食品相关产品;

(二)进口尚无食品安全国家标准的食品,未提交所执行的标准并经国务院卫生行政部门审查,或者进口利用新的食品原料生产的食品或者进口食品添加剂新品种、食品相关产品新品种,未通过安全性评估;

(三)未遵守本法的规定出口食品;

(四)进口商在有关主管部门责令其依照本法规定召回进口的食品后,仍拒不召回。

违反本法规定,进口商未建立并遵守食品、食品添加剂进口和销售记录制度、境外出口商或者生产企业审核制度的，由出入境检验检疫机构依照本法第一百二十六条的规定给予处罚。

第一百三十条　违反本法规定，集中交易市场的开办者、柜台出租者、展销会的举办者允许未依法取得许可的食品经营者进入市场销售食品，或者未履行检查、报告等义务的，由县级以上人民政府食品安全监督管理部门责令改正，没收违法所得，并处五万元以上二十万元以下罚款；造成严重后果的，责令停业，直至由原发证部门吊销许可证；使消费者的合法权益受到损害的，应当与食品经营者承担连带责任。

食用农产品批发市场违反本法第六十四条规定的，依照前款规定承担责任。

第一百三十一条　违反本法规定，网络食品交易第三方平台提供者未对入网食品经营者进行实名登记、审查许可证，或者未履行报告、停止提供网络交易平台服务等义务的，由县级以上人民政府食品安全监督管理部门责令改正，没收违法所得，并处五万元以上二十万元以下罚款；造成严重后果的，责令停业，直至由原发证部门吊销许可证；使消费者的合法权益受到损害的，应当与食品经营者承担连带责任。

消费者通过网络食品交易第三方平台购买食品，其合法权益受到损害的，可以向入网食品经营者或者食品生产者要求赔偿。网络食品交易第三方平台提供者不能提供入网食品经营者的真实名称、地址和有效联系方式的，由网络食品交易第三方平台提供者赔偿。网络食品交易第三方平台提供者赔偿后，有权向入网食品经营者或者食品生产者追偿。网络食品交易第三方平台提供者作出更有利于消费者承诺的，应当履行其承诺。

第一百三十二条　违反本法规定，未按要求进行食品贮存、运输和装卸的，由县级以上人民政府食品安全监督管理等部门按照各自职责分工责令改正，给予警告；拒不改正的，责令停产停业，并处一万元以上五万元以下罚款;情节严重的,吊销许可证。

第一百三十三条　违反本法规定,拒绝、阻挠、干涉有关部门、机构及其工作人员依法开展食品安全监督检查、事故调查处理、风险监测和风险评估的,由有关主管部门按照各自职责分工责令停产停业,并处二千元以上五万元以下罚款;情节严重的,吊销许可证;构成违反治安管理行为的,由公安机关依法给予治安管理处罚。

违反本法规定,对举报人以解除、变更劳动合同或者其他方式打击报复的,应当依照有关法律的规定承担责任。

第一百三十四条　食品生产经营者在一年内累计三次因违反本法规定受到责令停产停业、吊销许可证以外处罚的,由食品安全监督管理部门责令停产停业,直至吊销许可证。

第一百三十五条　被吊销许可证的食品生产经营者及其法定代表人、直接负责的主管人员和其他直接责任人员自处罚决定作出之日起五年内不得申请食品生产经营许可,或者从事食品生产经营管理工作、担任食品生产经营企业食品安全管理人员。

因食品安全犯罪被判处有期徒刑以上刑罚的,终身不得从事食品生产经营管理工作,也不得担任食品生产经营企业食品安全管理人员。

食品生产经营者聘用人员违反前两款规定的,由县级以上人民政府食品安全监督管理部门吊销许可证。

第一百三十六条　食品经营者履行了本法规定的进货查验等义务,有充分证据证明其不知道所采购的食品不符合食品安全标准,并能如实说明其进货来源的,可以免予处罚,但应当依法没收其不符合食品安全标准的食品;造成人身、财产或者其他损害的,依法承担赔偿责任。

第一百三十七条　违反本法规定,承担食品安全风险监测、风险评估工作的技术机构、技术人员提供虚假监测、评估信息的,依法对技术机构直接负责的主管人员和技术人员给予撤职、开除处分;有执业资格的,由授予其资格的主管部门吊销执业证书。

第一百三十八条 违反本法规定，食品检验机构、食品检验人员出具虚假检验报告的，由授予其资质的主管部门或者机构撤销该食品检验机构的检验资质，没收所收取的检验费用，并处检验费用五倍以上十倍以下罚款，检验费用不足一万元的，并处五万元以上十万元以下罚款；依法对食品检验机构直接负责的主管人员和食品检验人员给予撤职或者开除处分；导致发生重大食品安全事故的，对直接负责的主管人员和食品检验人员给予开除处分。

违反本法规定，受到开除处分的食品检验机构人员，自处分决定作出之日起十年内不得从事食品检验工作；因食品安全违法行为受到刑事处罚或者因出具虚假检验报告导致发生重大食品安全事故受到开除处分的食品检验机构人员，终身不得从事食品检验工作。食品检验机构聘用不得从事食品检验工作的人员的，由授予其资质的主管部门或者机构撤销该食品检验机构的检验资质。

食品检验机构出具虚假检验报告，使消费者的合法权益受到损害的，应当与食品生产经营者承担连带责任。

第一百三十九条 违反本法规定，认证机构出具虚假认证结论，由认证认可监督管理部门没收所收取的认证费用，并处认证费用五倍以上十倍以下罚款，认证费用不足一万元的，并处五万元以上十万元以下罚款；情节严重的，责令停业，直至撤销认证机构批准文件，并向社会公布；对直接负责的主管人员和负有直接责任的认证人员，撤销其执业资格。

认证机构出具虚假认证结论，使消费者的合法权益受到损害的，应当与食品生产经营者承担连带责任。

第一百四十条 违反本法规定，在广告中对食品作虚假宣传，欺骗消费者，或者发布未取得批准文件、广告内容与批准文件不一致的保健食品广告的，依照《中华人民共和国广告法》的规定给予处罚。

广告经营者、发布者设计、制作、发布虚假食品广告，使消费者的合法权益受到损害的，应当与食品生产经营者承担连带责任。

社会团体或者其他组织、个人在虚假广告或者其他虚假宣传中向消费者推荐食品,使消费者的合法权益受到损害的,应当与食品生产经营者承担连带责任。

违反本法规定,食品安全监督管理等部门、食品检验机构、食品行业协会以广告或者其他形式向消费者推荐食品,消费者组织以收取费用或者其他牟取利益的方式向消费者推荐食品的,由有关主管部门没收违法所得,依法对直接负责的主管人员和其他直接责任人员给予记大过、降级或者撤职处分;情节严重的,给予开除处分。

对食品作虚假宣传且情节严重的,由省级以上人民政府食品安全监督管理部门决定暂停销售该食品,并向社会公布;仍然销售该食品的,由县级以上人民政府食品安全监督管理部门没收违法所得和违法销售的食品,并处二万元以上五万元以下罚款。

第一百四十一条　违反本法规定,编造、散布虚假食品安全信息,构成违反治安管理行为的,由公安机关依法给予治安管理处罚。

媒体编造、散布虚假食品安全信息的,由有关主管部门依法给予处罚,并对直接负责的主管人员和其他直接责任人员给予处分;使公民、法人或者其他组织的合法权益受到损害的,依法承担消除影响、恢复名誉、赔偿损失、赔礼道歉等民事责任。

第一百四十二条　违反本法规定,县级以上地方人民政府有下列行为之一的,对直接负责的主管人员和其他直接责任人员给予记大过处分;情节较重的,给予降级或者撤职处分;情节严重的,给予开除处分;造成严重后果的,其主要负责人还应当引咎辞职:

(一)对发生在本行政区域内的食品安全事故,未及时组织协调有关部门开展有效处置,造成不良影响或者损失;

(二)对本行政区域内涉及多环节的区域性食品安全问题,未及时组织整治,造成不良影响或者损失;

(三)隐瞒、谎报、缓报食品安全事故;

(四)本行政区域内发生特别重大食品安全事故,或者连续发生重大食品安全事故。

第一百四十三条　违反本法规定，县级以上地方人民政府有下列行为之一的，对直接负责的主管人员和其他直接责任人员给予警告、记过或者记大过处分；造成严重后果的，给予降级或者撤职处分：

（一）未确定有关部门的食品安全监督管理职责，未建立健全食品安全全程监督管理工作机制和信息共享机制，未落实食品安全监督管理责任制；

（二）未制定本行政区域的食品安全事故应急预案，或者发生食品安全事故后未按规定立即成立事故处置指挥机构、启动应急预案。

第一百四十四条　违反本法规定，县级以上人民政府食品安全监督管理、卫生行政、农业行政等部门有下列行为之一的，对直接负责的主管人员和其他直接责任人员给予记大过处分；情节较重的，给予降级或者撤职处分；情节严重的，给予开除处分；造成严重后果的，其主要负责人还应当引咎辞职：

（一）隐瞒、谎报、缓报食品安全事故；

（二）未按规定查处食品安全事故，或者接到食品安全事故报告未及时处理，造成事故扩大或者蔓延；

（三）经食品安全风险评估得出食品、食品添加剂、食品相关产品不安全结论后，未及时采取相应措施，造成食品安全事故或者不良社会影响；

（四）对不符合条件的申请人准予许可，或者超越法定职权准予许可；

（五）不履行食品安全监督管理职责，导致发生食品安全事故。

第一百四十五条　违反本法规定，县级以上人民政府食品安全监督管理、卫生行政、农业行政等部门有下列行为之一，造成不良后果的，对直接负责的主管人员和其他直接责任人员给予警告、记过或者记大过处分；情节较重的，给予降级或者撤职处分；情节严重的，给予开除处分：

(一)在获知有关食品安全信息后,未按规定向上级主管部门和本级人民政府报告,或者未按规定相互通报;

(二)未按规定公布食品安全信息;

(三)不履行法定职责,对查处食品安全违法行为不配合,或者滥用职权、玩忽职守、徇私舞弊。

第一百四十六条　食品安全监督管理等部门在履行食品安全监督管理职责过程中,违法实施检查、强制等执法措施,给生产经营者造成损失的,应当依法予以赔偿,对直接负责的主管人员和其他直接责任人员依法给予处分。

第一百四十七条　违反本法规定,造成人身、财产或者其他损害的,依法承担赔偿责任。生产经营者财产不足以同时承担民事赔偿责任和缴纳罚款、罚金时,先承担民事赔偿责任。

第一百四十八条　消费者因不符合食品安全标准的食品受到损害的,可以向经营者要求赔偿损失,也可以向生产者要求赔偿损失。接到消费者赔偿要求的生产经营者,应当实行首负责任制,先行赔付,不得推诿;属于生产者责任的,经营者赔偿后有权向生产者追偿;属于经营者责任的,生产者赔偿后有权向经营者追偿。

生产不符合食品安全标准的食品或者经营明知是不符合食品安全标准的食品,消费者除要求赔偿损失外,还可以向生产者或者经营者要求支付价款十倍或者损失三倍的赔偿金;增加赔偿的金额不足一千元的,为一千元。但是,食品的标签、说明书存在不影响食品安全且不会对消费者造成误导的瑕疵的除外。

第一百四十九条　违反本法规定,构成犯罪的,依法追究刑事责任。

第十章　附　　则

第一百五十条　本法下列用语的含义:

食品，指各种供人食用或者饮用的成品和原料以及按照传统既是食品又是中药材的物品，但是不包括以治疗为目的的物品。

食品安全，指食品无毒、无害，符合应当有的营养要求，对人体健康不造成任何急性、亚急性或者慢性危害。

预包装食品，指预先定量包装或者制作在包装材料、容器中的食品。

食品添加剂，指为改善食品品质和色、香、味以及为防腐、保鲜和加工工艺的需要而加入食品中的人工合成或者天然物质，包括营养强化剂。

用于食品的包装材料和容器，指包装、盛放食品或者食品添加剂用的纸、竹、木、金属、搪瓷、陶瓷、塑料、橡胶、天然纤维、化学纤维、玻璃等制品和直接接触食品或者食品添加剂的涂料。

用于食品生产经营的工具、设备，指在食品或者食品添加剂生产、销售、使用过程中直接接触食品或者食品添加剂的机械、管道、传送带、容器、用具、餐具等。

用于食品的洗涤剂、消毒剂，指直接用于洗涤或者消毒食品、餐具、饮具以及直接接触食品的工具、设备或者食品包装材料和容器的物质。

食品保质期，指食品在标明的贮存条件下保持品质的期限。

食源性疾病，指食品中致病因素进入人体引起的感染性、中毒性等疾病，包括食物中毒。

食品安全事故，指食源性疾病、食品污染等源于食品，对人体健康有危害或者可能有危害的事故。

第一百五十一条 转基因食品和食盐的食品安全管理，本法未作规定的，适用其他法律、行政法规的规定。

第一百五十二条 铁路、民航运营中食品安全的管理办法由国务院食品安全监督管理部门会同国务院有关部门依照本法制定。

保健食品的具体管理办法由国务院食品安全监督管理部门依照

本法制定。

食品相关产品生产活动的具体管理办法由国务院食品安全监督管理部门依照本法制定。

国境口岸食品的监督管理由出入境检验检疫机构依照本法以及有关法律、行政法规的规定实施。

军队专用食品和自供食品的食品安全管理办法由中央军事委员会依照本法制定。

第一百五十三条　国务院根据实际需要,可以对食品安全监督管理体制作出调整。

第一百五十四条　本法自2015年10月1日起施行。

最高人民法院、最高人民检察院关于办理生产、销售伪劣商品刑事案件具体应用法律若干问题的解释

(2001年4月5日最高人民法院审判委员会第1168次会议、2001年3月30日最高人民检察院第九届检察委员会第84次会议通过　2001年4月9日公布　法释〔2001〕10号　自2001年4月10日起施行)

为依法惩治生产、销售伪劣商品犯罪活动,根据刑法有关规定,现就办理这类案件具体应用法律的若干问题解释如下:

第一条 刑法第一百四十条规定的“在产品中掺杂、掺假”,是指在产品中掺入杂质或者异物,致使产品质量不符合国家法律、法规或者产品明示质量标准规定的质量要求,降低、失去应有使用性能的行为。

刑法第一百四十条规定的“以假充真”,是指以不具有某种使用性能的产品冒充具有该种使用性能的产品的行为。

刑法第一百四十条规定的“以次充好”,是指以低等级、低档次产品冒充高等级、高档次产品,或者以残次、废旧零配件组合、拼装后冒充正品或者新产品的行为。

刑法第一百四十条规定的“不合格产品”,是指不符合《中华人民共和国产品质量法》第二十六条第二款规定的质量要求的产品。

对本条规定的上述行为难以确定的,应当委托法律、行政法规规定的产品质量检验机构进行鉴定。

第二条 刑法第一百四十条、第一百四十九条规定的“销售金额”,是指生产者、销售者出售伪劣产品后所得和应得的全部违法收入。

伪劣产品尚未销售,货值金额达到刑法第一百四十条规定的销售金额三倍以上的,以生产、销售伪劣产品罪(未遂)定罪处罚。

货值金额以违法生产、销售的伪劣产品的标价计算;没有标价的,按照同类合格产品的市场中间价格计算。货值金额难以确定的,按照国家计划委员会、最高人民法院、最高人民检察院、公安部1997年4月22日联合发布的《扣押、追缴、没收物品估价管理办法》的规定,委托指定的估价机构确定。

多次实施生产、销售伪劣产品行为,未经处理的,伪劣产品的销售金额或者货值金额累计计算。

第三条 经省级以上药品监督管理部门设置或者确定的药品检验机构鉴定,生产、销售的假药具有下列情形之一的,应认定为刑法第一百四十一条规定的“足以严重危害人体健康”:

（一）含有超标准的有毒有害物质的；

（二）不含所标明的有效成份，可能贻误诊治的；

（三）所标明的适应症或者功能主治超出规定范围，可能造成贻误诊治的；

（四）缺乏所标明的急救必需的有效成份的。

生产、销售的假药被使用后，造成轻伤、重伤或者其他严重后果的，应认定为“对人体健康造成严重危害”。

生产、销售的假药被使用后，致人严重残疾，三人以上重伤、十人以上轻伤或者造成其他特别严重后果的，应认定为“对人体健康造成特别严重危害”。

第四条　经省级以上卫生行政部门确定的机构鉴定，食品中含有可能导致严重食物中毒事故或者其他严重食源性疾患的超标准的有害细菌或者其他污染物的，应认定为刑法第一百四十三条规定的“足以造成严重食物中毒事故或者其他严重食源性疾患”。

生产、销售不符合卫生标准的食品被食用后，造成轻伤、重伤或者其他严重后果的，应认定为“对人体健康造成严重危害”。

生产、销售不符合卫生标准的食品被食用后，致人死亡、严重残疾、三人以上重伤、十人以上轻伤或者造成其他特别严重后果的，应认定为“后果特别严重”。

第五条　生产、销售的有毒、有害食品被食用后，造成轻伤、重伤或者其他严重后果的，应认定为刑法第一百四十四条规定的“对人体健康造成严重危害”。

生产、销售的有毒、有害食品被食用后，致人严重残疾、三人以上重伤、十人以上轻伤或者造成其他特别严重后果的，应认定为“对人体健康造成特别严重危害”。

第六条　生产、销售不符合标准的医疗器械、医用卫生材料，致人轻伤或者其他严重后果的，应认定为刑法第一百四十五条规定的“对人体健康造成严重危害”。

生产、销售不符合标准的医疗器械、医用卫生材料,造成感染病毒性肝炎等难以治愈的疾病、一人以上重伤、三人以上轻伤或者其他严重后果的,应认定为"后果特别严重"。

生产、销售不符合标准的医疗器械、医用卫生材料,致人死亡、严重残疾、感染艾滋病、三人以上重伤、十人以上轻伤或者造成其他特别严重后果的,应认定为"情节特别恶劣"。

医疗机构或者个人,知道或者应当知道是不符合保障人体健康的国家标准、行业标准的医疗器械、医用卫生材料而购买、使用,对人体健康造成严重危害的,以销售不符合标准的医用器材罪定罪处罚。

没有国家标准、行业标准的医疗器械,注册产品标准可视为"保障人体健康的行业标准"。

第七条 刑法第一百四十七条规定的生产、销售伪劣农药、兽药、化肥、种子罪中"使生产遭受较大损失",一般以二万元为起点;"重大损失",一般以十万元为起点;"特别重大损失",一般以五十万元为起点。

第八条 国家机关工作人员徇私舞弊,对生产、销售伪劣商品犯罪不履行法律规定的查处职责,具有下列情形之一的,属于刑法第四百一十四条规定的"情节严重":

(一)放纵生产、销售假药或者有毒、有害食品犯罪行为的;

(二)放纵依法可能判处二年有期徒刑以上刑罚的生产、销售伪劣商品犯罪行为的;

(三)对三个以上有生产、销售伪劣商品犯罪行为的单位或者个人不履行追究职责的;

(四)致使国家和人民利益遭受重大损失或者造成恶劣影响的。

第九条 知道或者应当知道他人实施生产、销售伪劣商品犯罪,而为其提供贷款、资金、帐号、发票、证明、许可证件,或者提供生产、经营场所或者运输、仓储、保管、邮寄等便利条件,或者提供制假生产技术的,以生产、销售伪劣商品犯罪的共犯论处。

第十条 实施生产、销售伪劣商品犯罪，同时构成侵犯知识产权、非法经营等其他犯罪的，依照处罚较重的规定定罪处罚。

第十一条 实施刑法第一百四十条至第一百四十八条规定的犯罪，又以暴力、威胁方法抗拒查处，构成其他犯罪的，依照数罪并罚的规定处罚。

第十二条 国家机关工作人员参与生产、销售伪劣商品犯罪的，从重处罚。

最高人民法院关于适用《中华人民共和国反不正当竞争法》若干问题的解释

（2022年1月29日最高人民法院审判委员会第1862次会议通过　2022年3月16日公布　法释〔2022〕9号　自2022年3月20日起施行）

为正确审理因不正当竞争行为引发的民事案件，根据《中华人民共和国民法典》《中华人民共和国反不正当竞争法》《中华人民共和国民事诉讼法》等有关法律规定，结合审判实践，制定本解释。

第一条 经营者扰乱市场竞争秩序，损害其他经营者或者消费者合法权益，且属于违反反不正当竞争法第二章及专利法、商标法、著作权法等规定之外情形的，人民法院可以适用反不正当竞争法第二条予以认定。

第二条　与经营者在生产经营活动中存在可能的争夺交易机会、损害竞争优势等关系的市场主体，人民法院可以认定为反不正当竞争法第二条规定的“其他经营者”。

第三条　特定商业领域普遍遵循和认可的行为规范，人民法院可以认定为反不正当竞争法第二条规定的“商业道德”。

人民法院应当结合案件具体情况，综合考虑行业规则或者商业惯例、经营者的主观状态、交易相对人的选择意愿、对消费者权益、市场竞争秩序、社会公共利益的影响等因素，依法判断经营者是否违反商业道德。

人民法院认定经营者是否违反商业道德时，可以参考行业主管部门、行业协会或者自律组织制定的从业规范、技术规范、自律公约等。

第四条　具有一定的市场知名度并具有区别商品来源的显著特征的标识，人民法院可以认定为反不正当竞争法第六条规定的“有一定影响的”标识。

人民法院认定反不正当竞争法第六条规定的标识是否具有一定的市场知名度，应当综合考虑中国境内相关公众的知悉程度，商品销售的时间、区域、数额和对象，宣传的持续时间、程度和地域范围，标识受保护的情况等因素。

第五条　反不正当竞争法第六条规定的标识有下列情形之一的，人民法院应当认定其不具有区别商品来源的显著特征：

（一）商品的通用名称、图形、型号；

（二）仅直接表示商品的质量、主要原料、功能、用途、重量、数量及其他特点的标识；

（三）仅由商品自身的性质产生的形状，为获得技术效果而需有的商品形状以及使商品具有实质性价值的形状；

（四）其他缺乏显著特征的标识。

前款第一项、第二项、第四项规定的标识经过使用取得显著特征，并具有一定的市场知名度，当事人请求依据反不正当竞争法第六条规定予以保护的，人民法院应予支持。

第六条 因客观描述、说明商品而正当使用下列标识，当事人主张属于反不正当竞争法第六条规定的情形的，人民法院不予支持：

（一）含有本商品的通用名称、图形、型号；

（二）直接表示商品的质量、主要原料、功能、用途、重量、数量以及其他特点；

（三）含有地名。

第七条 反不正当竞争法第六条规定的标识或者其显著识别部分属于商标法第十条第一款规定的不得作为商标使用的标志，当事人请求依据反不正当竞争法第六条规定予以保护的，人民法院不予支持。

第八条 由经营者营业场所的装饰、营业用具的式样、营业人员的服饰等构成的具有独特风格的整体营业形象，人民法院可以认定为反不正当竞争法第六条第一项规定的“装潢”。

第九条 市场主体登记管理部门依法登记的企业名称，以及在中国境内进行商业使用的境外企业名称，人民法院可以认定为反不正当竞争法第六条第二项规定的“企业名称”。

有一定影响的个体工商户、农民专业合作社（联合社）以及法律、行政法规规定的其他市场主体的名称（包括简称、字号等），人民法院可以依照反不正当竞争法第六条第二项予以认定。

第十条 在中国境内将有一定影响的标识用于商品、商品包装或者容器以及商品交易文书上，或者广告宣传、展览以及其他商业活动中，用于识别商品来源的行为，人民法院可以认定为反不正当竞争法第六条规定的“使用”。

第十一条 经营者擅自使用与他人有一定影响的企业名称（包括简称、字号等）、社会组织名称（包括简称等）、姓名（包括笔名、艺名、译名等）、域名主体部分、网站名称、网页等近似的标识，引人误认为是他人商品或者与他人存在特定联系，当事人主张属于反不正当竞争法第六条第二项、第三项规定的情形的，人民法院应予支持。

第十二条　人民法院认定与反不正当竞争法第六条规定的“有一定影响的”标识相同或者近似，可以参照商标相同或者近似的判断原则和方法。

反不正当竞争法第六条规定的“引人误认为是他人商品或者与他人存在特定联系”，包括误认为与他人具有商业联合、许可使用、商业冠名、广告代言等特定联系。

在相同商品上使用相同或者视觉上基本无差别的商品名称、包装、装潢等标识，应当视为足以造成与他人有一定影响的标识相混淆。

第十三条　经营者实施下列混淆行为之一，足以引人误认为是他人商品或者与他人存在特定联系的，人民法院可以依照反不正当竞争法第六条第四项予以认定：

（一）擅自使用反不正当竞争法第六条第一项、第二项、第三项规定以外“有一定影响的”标识；

（二）将他人注册商标、未注册的驰名商标作为企业名称中的字号使用，误导公众。

第十四条　经营者销售带有违反反不正当竞争法第六条规定的标识的商品，引人误认为是他人商品或者与他人存在特定联系，当事人主张构成反不正当竞争法第六条规定的情形的，人民法院应予支持。

销售不知道是前款规定的侵权商品，能证明该商品是自己合法取得并说明提供者，经营者主张不承担赔偿责任的，人民法院应予支持。

第十五条　故意为他人实施混淆行为提供仓储、运输、邮寄、印制、隐匿、经营场所等便利条件，当事人请求依据民法典第一千一百六十九条第一款予以认定的，人民法院应予支持。

第十六条 经营者在商业宣传过程中，提供不真实的商品相关信息，欺骗、误导相关公众的，人民法院应当认定为反不正当竞争法第八条第一款规定的虚假的商业宣传。

第十七条 经营者具有下列行为之一，欺骗、误导相关公众的，人民法院可以认定为反不正当竞争法第八条第一款规定的"引人误解的商业宣传"：

（一）对商品作片面的宣传或者对比；

（二）将科学上未定论的观点、现象等当作定论的事实用于商品宣传；

（三）使用歧义性语言进行商业宣传；

（四）其他足以引人误解的商业宣传行为。

人民法院应当根据日常生活经验、相关公众一般注意力、发生误解的事实和被宣传对象的实际情况等因素，对引人误解的商业宣传行为进行认定。

第十八条 当事人主张经营者违反反不正当竞争法第八条第一款的规定并请求赔偿损失的，应当举证证明其因虚假或者引人误解的商业宣传行为受到损失。

第十九条 当事人主张经营者实施了反不正当竞争法第十一条规定的商业诋毁行为的，应当举证证明其为该商业诋毁行为的特定损害对象。

第二十条 经营者传播他人编造的虚假信息或者误导性信息，损害竞争对手的商业信誉、商品声誉的，人民法院应当依照反不正当竞争法第十一条予以认定。

第二十一条 未经其他经营者和用户同意而直接发生的目标跳转，人民法院应当认定为反不正当竞争法第十二条第二款第一项规定的"强制进行目标跳转"。

仅插入链接，目标跳转由用户触发的，人民法院应当综合考虑插入链接的具体方式、是否具有合理理由以及对用户利益和其他经营者利益的影响等因素,认定该行为是否违反反不正当竞争法第十二条第二款第一项的规定。

第二十二条 经营者事前未明确提示并经用户同意,以误导、欺骗、强迫用户修改、关闭、卸载等方式,恶意干扰或者破坏其他经营者合法提供的网络产品或者服务,人民法院应当依照反不正当竞争法第十二条第二款第二项予以认定。

第二十三条 对于反不正当竞争法第二条、第八条、第十一条、第十二条规定的不正当竞争行为,权利人因被侵权所受到的实际损失、侵权人因侵权所获得的利益难以确定,当事人主张依据反不正当竞争法第十七条第四款确定赔偿数额的,人民法院应予支持。

第二十四条 对于同一侵权人针对同一主体在同一时间和地域范围实施的侵权行为,人民法院已经认定侵害著作权、专利权或者注册商标专用权等并判令承担民事责任,当事人又以该行为构成不正当竞争为由请求同一侵权人承担民事责任的,人民法院不予支持。

第二十五条 依据反不正当竞争法第六条的规定,当事人主张判令被告停止使用或者变更其企业名称的诉讼请求依法应予支持的,人民法院应当判令停止使用该企业名称。

第二十六条 因不正当竞争行为提起的民事诉讼,由侵权行为地或者被告住所地人民法院管辖。

当事人主张仅以网络购买者可以任意选择的收货地作为侵权行为地的,人民法院不予支持。

第二十七条 被诉不正当竞争行为发生在中华人民共和国领域外,但侵权结果发生在中华人民共和国领域内,当事人主张由该侵权结果发生地人民法院管辖的,人民法院应予支持。

第二十八条 反不正当竞争法修改决定施行以后人民法院受理的不正当竞争民事案件,涉及该决定施行前发生的行为的,适用修改前的反不正当竞争法;涉及该决定施行前发生、持续到该决定施行以后的行为的,适用修改后的反不正当竞争法。

第二十九条 本解释自2022年3月20日起施行。《最高人民法院关于审理不正当竞争民事案件应用法律若干问题的解释》(法释〔2007〕2号)同时废止。

本解释施行以后尚未终审的案件,适用本解释;施行以前已经终审的案件,不适用本解释再审。

国家质量监督检验检疫总局关于实施《中华人民共和国产品质量法》若干问题的意见

(2011年2月22日 国质检法〔2011〕83号)

各省、自治区、直辖市质量技术监督局:

2001年3月15日,原国家质量技术监督局印发了《关于实施〈中华人民共和国产品质量法〉若干问题的意见》,在正确贯彻实施产品质量法,做好质量监督和行政执法工作等方面,发挥了积极作用。为了保证意见符合新公布的有关法律法规的规定,适应实际工作的需要,总局对《关于实施〈中华人民共和国产品质量法〉若干问题的意见》进行了修订,现重新印发你们。

一、关于产品质量监督检查

(一)按照《中华人民共和国产品质量法》的规定,产品质量监督抽查所需样品应当在市场上或者企业成品仓库内的待销产品中随机抽取;抽样数量应当按照检验的合理需要确定。因此,质量技术监督部门实施监督抽查,样品由被检查者无偿提供。检验合格的样品除因检验造成破坏或损耗之外,在检验工作结束且无异议后一个季度内必须返还。同时通知被检查单位解封作备样的封存样品。《中华人民共和国食品安全法》对食品的抽样检验另有规定的除外。

(二)按照《中华人民共和国产品质量法》第十五条第三款规定,生产者、销售者对抽查检验的结果有异议的,可以向实施监督抽查的质量技术监督部门或者其上一级质量技术监督部门提出复检申请。复检合格的,不再收取检验费;复检不合格的,应当缴纳检验费。

(三)《中华人民共和国产品质量法》第十七条第二款规定:"监督抽查的产品有严重质量问题的,依据本法第五章的有关规定处罚。"各级质量技术监督部门在实施产品质量监督检查后处理工作时,要正确把握一般质量问题和严重质量问题的界限。有严重质量问题是指:1. 产品质量不符合保障人体健康和人身、财产安全的国家标准、行业标准的;2. 在产品中掺杂、掺假,以假充真,以次充好,以不合格产品冒充合格产品的;3. 属于国家明令淘汰产品的;4. 失效、变质的;5. 伪造产品产地的,伪造或者冒用他人厂名、厂址的,伪造或者冒用生产日期、安全使用期或者失效日期的,伪造或者冒用认证标志等质量标志的;6. 其它法律法规规定的属于严重质量问题的情形的。除上述问题之外的,属于一般质量问题。对有严重质量问题的,应当按照《中华人民共和国产品质量法》第四十九条至第五十三条的规定实施行政处罚。

二、关于行政强制措施的实施

(一)按照《中华人民共和国产品质量法》第十八条规定,质量技术监督部门在实施行政强制措施时,应当具备以下条件:1. 有违法嫌疑的证据或者举报;2. 实施行政强制措施的程序必须合法。

(二)按照法律规定,查封、扣押的产品范围是法律第四十九条至第五十三条禁止生产、销售的产品。产品存在的瑕疵问题、标识不规范的问题，不能实施查封、扣押。

（三）查封、扣押的期限为三个月；对于产品的安全使用期或者失效日期不足三个月的，查封、扣押后的处理不得超过产品的安全使用期或者失效日期。因案情复杂等情况，质量技术监督部门需要延长查封、扣押期限的，应当报上一级质量技术监督部门批准。

三、关于建设工程中使用的产品的监督问题

《中华人民共和国产品质量法》第二条规定，建设工程使用的建筑材料、建筑构配件和设备，适用本法规定。因此，质量技术监督部门应当依据《中华人民共和国产品质量法》对上述产品进行监督。

质量技术监督部门可以进入建筑工地进行监督检查和执法检查，发现建设施工单位使用的建筑材料、建筑构配件和设备有质量问题，可以对建设单位和建设施工单位进行调查，以此为线索依法追究生产者的产品质量责任。并将建设施工单位使用有质量问题的建筑材料、建筑构配件和设备的情况通报建设行政主管部门。

四、关于对产品标识的监督问题

（一）按照《中华人民共和国产品质量法》第二十七条规定，产品标识必须真实，并符合下列要求：具有产品质量检验合格证明，具有中文标注的产品名称，对产品质量负有责任的生产者的厂名、厂址，以及其他有关标识内容。不符合上述规定的，应当依法责令产品的生产者改正。

（二）按照《中华人民共和国产品质量法》第二十七条规定，产品（包括进口产品）标识应当使用中文，对产品名称、厂名、厂址、规格、等级、含量、警示说明等标识应当使用中文而未用中文标注的产品，应当依法责令产品的生产者、销售者改正。

（三）为贯彻落实《中华人民共和国产品质量法》有关标识的规定，原国家质量技术监督局发布实施了《产品标识标注规定》，总局发布实施了《食品标识管理规定》和《化妆品标识管理规定》，目的在于引导企业正确标注标识。有关标识的具体标注方法，应当按照上述规定执行。质量技术监督部门应当严格按照上述规定开展产品标识行政执法工作。

（四）《中华人民共和国食品安全法》对食品标识另有规定的从其规定。

五、关于销售者销售法律禁止销售的产品的法律适用问题

按照《中华人民共和国产品质量法》第五十五条规定，销售者销售法律第四十九条至第五十三条禁止销售的产品，有充分证据证明其不知道该产品为禁止销售的产品并如实说明其进货来源的，质量技术监督部门按照职责范围依法从轻或者减轻处罚。销售者销售上述产品不能提供充分证据证明其不知道该产品为法律禁止销售的产品，不能说明或者不如实说明其进货来源的，应当按照职责范围严格依法予以处罚。

对销售者销售上述产品的处罚方式和幅度，应当根据以上情况对应法律第四十九条至第五十三条的规定具体适用。

六、关于《中华人民共和国产品质量法》与其他法律法规的关系

（一）《中华人民共和国产品质量法》是规范产品质量监督和行政执法活动的一般法。按照特殊法优于一般法的原则，《药品管理法》、《种子法》等特殊法对产品质量监督和行政执法有规定的，从其规定；特殊法没有规定的，依据《中华人民共和国产品质量法》的规定执行。

（二）《工业产品质量责任条例》、《产品质量监督试行办法》目前仍是有效的行政法规，在适用时应当遵循法的效力等级原则。对同一问题上述行政法规与法律均有规定但相抵触的，应当以《中华人民共和国产品质量法》的规定为准；《中华人民共和国产品质量法》没有规定，而上述行政法规有规定的，可以依照行政法规的规定执行。

（三）《中华人民共和国产品质量法》第四十九条有关生产、销售不符合保障人体健康和人身、财产安全的标准的处罚，与《中华人民共和国标准化法》及其实施条例规定的生产、销售不符合强制性标准的处罚不一致。根据后法优先原则，对不符合强制性标准的产品实施处罚，应当适用《中华人民共和国产品质量法》第四十九条的规定。

（四）《中华人民共和国产品质量法》与《中华人民共和国食品安全法》对同一事项均有规定且互有抵触的，按照后法优于前法的原则，应当遵守《中华人民共和国食品安全法》。

七、关于对食品、烟草、化妆品、农药、兽药等产品的监督检查问题

（一）关于对食品的监督检查问题：

食品属于《中华人民共和国产品质量法》的调整范围。各级质量技术监督部门应当加强对食品生产活动的监督管理，对食品生产者的违法行为应当依据《中华人民共和国食品安全法》、《中华人民共和国产品质量法》等法律法规予以查处。

（二）关于对烟草的监督检查问题：

烟草属于《中华人民共和国产品质量法》的调整范围。因此，质量技术监督部门有权依据《中华人民共和国产品质量法》的有关规定对烟草质量违法行为进行查处。

（三）关于对化妆品的监督检查问题：

化妆品属于《中华人民共和国产品质量法》的调整范围。对生产、销售不符合化妆品产品标准，失效、变质，掺杂、掺假，以假充真，以次充好，以不合格化妆品冒充合格化妆品，无生产许可证进行生产、销售等违法行为，以及化妆品标识不符合法定要求的，质量技术监督部门应当依据《中华人民共和国产品质量法》、《工业产品质量责任条例》、《工业产品生产许可证管理条例》、《化妆品标识管理规定》等法律、法规、规章的规定对化妆品的质量进行监督管理。对化妆品卫生监督管理方面的问题，应当适用《化妆品卫生监督条例》。

（四）关于对农药的监督检查问题：

农药是工业产品，属于《中华人民共和国产品质量法》的调整范围,质量技术监督部门可以依据《中华人民共和国产品质量法》和《农药管理条例》的规定,对生产假劣农药的违法行为实施处罚。

(五)关于对兽药的监督检查问题:

兽药是工业产品,对兽药如何进行管理,国务院制定的《兽药管理条例》作了明确规定。因此,涉及兽药生产、经营活动中的管理问题以及对违反条例的行为实施行政处罚,应当遵守《兽药管理条例》的规定。国务院法制办1999年以国法秘函〔1999〕41号文明确了《兽药管理条例》的执法主体问题。即《兽药管理条例》的执法主体是农牧部门和工商行政管理部门。质量技术监督部门发现违反《兽药管理条例》的案件,应当移送农牧部门、工商部门、公安等有关部门依法查处。

(六)其他产品的监督检查问题:

对医疗器械、饲料和饲料添加剂等产品的监督检查,国务院制定了专门行政法规的,对这些产品的监督检查应当适用行政法规的规定;没有规定的,应当适用其他法律法规。

八、关于生产、销售假冒伪劣产品行为的认定问题

根据《中华人民共和国产品质量法》的规定,以下行为应当认定为生产、销售假冒伪劣产品的行为:

(一)生产国家明令淘汰产品,销售国家明令淘汰并停止销售的产品和销售失效、变质产品的行为。国家明令淘汰的产品,指国务院有关行政部门依据其行政职能,按照一定的程序,采用行政的措施,通过发布行政文件的形式,向社会公布自某日起禁止生产、销售的产品。失效、变质产品,指产品失去了原有的效力、作用,产品发生了本质性变化,失去了应有使用价值的产品。

(二)伪造产品产地的行为。指在甲地生产产品,而在产品标识上标注乙地的地名的质量欺诈行为。

(三)伪造或者冒用他人厂名、厂址的行为。指非法标注他人厂名、厂址标识,或者在产品上编造、捏造不真实的生产厂厂名和厂址以及在产品上擅自使用他人的生产厂厂名和厂址的行为。

（四）伪造或者冒用认证标志等质量标志的行为。指在产品、标签、包装上，用文字、符号、图案等方式非法制作、编造、捏造或非法标注质量标志以及擅自使用未获批准的质量标志的行为。质量标志包括我国政府有关部门批准或认可的产品质量认证标志、企业质量体系认证标志、国外的认证标志、地理标志等。

（五）在产品中掺杂、掺假的行为。指生产者、销售者在产品中掺入杂质或者造假，进行质量欺诈的违法行为。其结果是，致使产品中有关物质的成分或者含量不符合国家有关法律、法规、标准或者合同要求。

（六）以假充真的行为。指以此产品冒充与其特征、特性等不同的他产品，或者冒充同一类产品中具有特定质量特征、特性的产品的欺诈行为。

（七）以次充好的行为。指以低档次、低等级产品冒充高档次、高等级产品或者以旧产品冒充新产品的违法行为。

（八）以不合格产品冒充合格产品的行为。不合格产品是指产品质量不符《中华人民共和国产品质量法》第二十六条规定的产品。以不合格产品冒充合格产品是指以质量不合格的产品作为或者充当合格产品。

九、关于在经营性服务活动中使用假冒伪劣产品的监督检查问题

在经营性服务活动中使用假冒伪劣产品主要是指在美容美发、餐饮、维修、娱乐等经营服务活动中，经营者使用假冒伪劣产品为消费者提供服务的行为。质量技术监督部门发现在上述活动中经营者使用《中华人民共和国产品质量法》第四十九条至第五十二条规定禁止销售的产品，包括不符合保障人体健康、人身财产安全标准的产品；掺杂、掺假，以假充真，以次充好，以不合格产品冒充合格的产品；国家明令淘汰并停止销售的产品以及失效、变质的产品，按照职责范围依照法律有关销售者的处罚规定对经营者给予处罚。发现经营者使用的产品存在标识标注的不规范、不准确，不符合《中华人民共和国产品质量法》第二十七条规定要求的，按照职责范围依照该法第五十四条的规定实施处罚。

十、关于办案证据的确认问题

（一）质量技术监督部门在行政执法过程中，需对涉嫌假冒的产品进行鉴定，鉴定结论可以作为办理技术监督行政案件的重要证据之一。质量技术监督行政执法部门经过查证，可以将被假冒生产企业出具的鉴定结论和提供的其他证明材料，作为认定该产品真伪的依据。

（二）质量技术监督部门若通过检验对产品的内在质量进行判断，应当以法定检验机构出具的检验报告为准。

十一、关于“货值金额”和“违法所得”、“违法收入”的计算问题

按照《中华人民共和国产品质量法》的规定，货值金额是指当事人违法生产、销售产品的数量（包括已售出的和未售出的产品）与其单件产品标价的乘积。对生产的单件产品标价应当以销售明示的单价计算；对销售的单件产品标价应当以销售者货签上标明的单价计算。生产者、销售者没有标价的，按照该产品被查处时该地区市场零售价的平均单价计算。本法所称违法所得是指获取的利润。

《中华人民共和国产品质量法》第六十一条、第六十七条规定的违法收入，指违反法律规定从事运输、仓储、保管，提供制假技术，向社会推荐产品以及进行产品的监制、监销等违法活动所获取的全部收入。

十二、关于建立产品质量举报制度的问题

按照《中华人民共和国产品质量法》第十条规定，各省、自治区、直辖市质量技术监督部门应当及时配合当地政府制定有关举报奖励制度，建立健全举报处理程序。各级质量技术监督部门应当向社会公布举报电话，登记并及时处理举报，不得无故拖延或者推诿。

产品质量监督抽查管理暂行办法

（2019年11月21日国家市场监督管理总局令第18号公布
自2020年1月1日起施行）

第一章 总 则

第一条 为了加强产品质量监督管理，规范产品质量监督抽查工作，保护消费者的合法权益，根据《中华人民共和国产品质量法》和《中华人民共和国消费者权益保护法》等法律、行政法规，制定本办法。

第二条 市场监督管理部门对本行政区域内生产、销售的产品实施监督抽查，适用本办法。

法律、行政法规、部门规章对产品质量监督抽查另有规定的，依照其规定。

第三条 本办法所称监督抽查，是指市场监督管理部门为监督产品质量，依法组织对在中华人民共和国境内生产、销售的产品进行抽样、检验，并进行处理的活动。

第四条 监督抽查分为由国家市场监督管理总局组织的国家监督抽查和县级以上地方市场监督管理部门组织的地方监督抽查。

第五条 国家市场监督管理总局负责统筹管理、指导协调全国监督抽查工作，组织实施国家监督抽查，汇总、分析全国监督抽查信息。

省级市场监督管理部门负责统一管理本行政区域内地方监督抽查工作，组织实施本级监督抽查，汇总、分析本行政区域监督抽查信息。

市级、县级市场监督管理部门负责组织实施本级监督抽查，汇总、分析本行政区域监督抽查信息，配合上级市场监督管理部门在本行政区域内开展抽样工作，承担监督抽查结果处理工作。

第六条　监督抽查所需样品的抽取、购买、运输、检验、处置以及复查等工作费用，按照国家有关规定列入同级政府财政预算。

第七条　生产者、销售者应当配合监督抽查，如实提供监督抽查所需材料和信息，不得以任何方式阻碍、拒绝监督抽查。

第八条　同一市场监督管理部门不得在六个月内对同一生产者按照同一标准生产的同一商标、同一规格型号的产品（以下简称同一产品）进行两次以上监督抽查。

被抽样生产者、销售者在抽样时能够证明同一产品在六个月内经上级市场监督管理部门监督抽查的，下级市场监督管理部门不得重复抽查。

对监督抽查发现的不合格产品的跟踪抽查和为应对突发事件开展的监督抽查，不适用前两款规定。

第九条　监督抽查实行抽检分离制度。除现场检验外，抽样人员不得承担其抽样产品的检验工作。

第十条　组织监督抽查的市场监督管理部门应当按照法律、行政法规有关规定公开监督抽查结果。

未经组织监督抽查的市场监督管理部门同意，任何单位和个人不得擅自公开监督抽查结果。

第二章　监督抽查的组织

第十一条　国家市场监督管理总局负责制定国家监督抽查年度

计划,并通报省级市场监督管理部门。

县级以上地方市场监督管理部门负责制定本级监督抽查年度计划,并报送上一级市场监督管理部门备案。

第十二条 组织监督抽查的市场监督管理部门应当根据本级监督抽查年度计划,制定监督抽查方案和监督抽查实施细则。

监督抽查方案应当包括抽查产品范围、工作分工、进度要求等内容。监督抽查实施细则应当包括抽样方法、检验项目、检验方法、判定规则等内容。

监督抽查实施细则应当在抽样前向社会公开。

第十三条 组织监督抽查的市场监督管理部门应当按照政府采购等有关要求,确定承担监督抽查抽样、检验工作的抽样机构、检验机构,并签订委托协议,明确权利、义务、违约责任等内容。

法律、行政法规对抽样机构、检验机构的资质有规定的,应当委托具备法定资质的机构。

第十四条 抽样机构、检验机构应当在委托范围内开展抽样、检验工作,保证抽样、检验工作及其结果的客观、公正、真实。

抽样机构、检验机构不得有下列行为:

(一)在实施抽样前以任何方式将监督抽查方案有关内容告知被抽样生产者、销售者;

(二)转包检验任务或者未经组织监督抽查的市场监督管理部门同意分包检验任务;

(三)出具虚假检验报告;

(四)在承担监督抽查相关工作期间,与被抽样生产者、销售者签订监督抽查同类产品的有偿服务协议或者接受被抽样生产者、销售者对同一产品的委托检验;

(五)利用监督抽查结果开展产品推荐、评比,出具监督抽查产品合格证书、牌匾等;

(六)利用承担监督抽查相关工作的便利,牟取非法或者不当利益；

（七）违反规定向被抽样生产者、销售者收取抽样、检验等与监督抽查有关的费用。

第三章　抽　　样

第一节　现 场 抽 样

第十五条　市场监督管理部门应当自行抽样或者委托抽样机构抽样，并按照有关规定随机抽取被抽样生产者、销售者，随机选派抽样人员。

抽样人员应当熟悉相关法律、行政法规、部门规章以及标准等规定。

第十六条　抽样人员不得少于两人，并向被抽样生产者、销售者出示组织监督抽查的市场监督管理部门出具的监督抽查通知书、抽样人员身份证明。抽样机构执行抽样任务的，还应当出示组织监督抽查的市场监督管理部门出具的授权委托书复印件。

抽样人员应当告知被抽样生产者、销售者抽查产品范围、抽样方法等。

第十七条　样品应当由抽样人员在被抽样生产者、销售者的待销产品中随机抽取，不得由被抽样生产者、销售者自行抽样。

抽样人员发现被抽样生产者、销售者涉嫌存在无证无照等无需检验即可判定违法的情形的，应当终止抽样，立即报告组织监督抽查的市场监督管理部门，并同时报告涉嫌违法的被抽样生产者、销售者所在地县级市场监督管理部门。

第十八条　有下列情形之一的，抽样人员不得抽样：

（一）待销产品数量不符合监督抽查实施细则要求的；

（二）有充分证据表明拟抽样产品不用于销售，或者只用于出口并且出口合同对产品质量另有约定的；

（三）产品或者其包装上标注“试制”、“处理”、“样品”等字样的。

第十九条　抽样人员应当按照监督抽查实施细则所规定的抽样方法进行抽样。

抽样人员应当使用规定的抽样文书记录抽样信息，并对抽样场所、贮存环境、被抽样产品的标识、库存数量、抽样过程等通过拍照或者录像的方式留存证据。

抽样文书应当经抽样人员和被抽样生产者、销售者签字。被抽样生产者、销售者拒绝签字的，抽样人员应当在抽样文书上注明情况，必要时可以邀请有关人员作为见证人。

抽样文书确需更正或者补充的，应当由被抽样生产者、销售者在更正或者补充处以签名、盖章等方式予以确认。

第二十条　因被抽样生产者、销售者转产、停业等原因致使无法抽样的，抽样人员应当如实记录，报送组织监督抽查的市场监督管理部门。

第二十一条　被抽样生产者、销售者以明显不合理的样品价格等方式阻碍、拒绝或者不配合抽样的，抽样人员应当如实记录，立即报告组织监督抽查的市场监督管理部门，并同时报告被抽样生产者、销售者所在地县级市场监督管理部门。

第二十二条　样品分为检验样品和备用样品。

除不以破坏性试验方式进行检验，并且不会对样品质量造成实质性影响的外，抽样人员应当购买检验样品。购买检验样品的价格以生产、销售产品的标价为准；没有标价的，以同类产品的市场价格为准。

备用样品由被抽样生产者、销售者先行无偿提供。

法律、行政法规、部门规章对样品获取方式另有规定的，依照其规定。

第二十三条　抽样人员应当采取有效的防拆封措施，对检验样品和备用样品分别封样，并由抽样人员和被抽样生产者、销售者签字确认。

第二十四条 样品应当由抽样人员携带或者寄递至检验机构进行检验。对于易碎品、危险化学品等对运输、贮存过程有特殊要求的样品，应当采取有效措施，保证样品的运输、贮存过程符合国家有关规定，不发生影响检验结论的变化。

样品需要先行存放在被抽样生产者、销售者处的，应当予以封存，并加施封存标识。被抽样生产者、销售者应当妥善保管封存的样品，不得隐匿、转移、变卖、损毁。

第二节 网络抽样

第二十五条 市场监督管理部门对电子商务经营者销售的本行政区域内的生产者生产的产品和本行政区域内的电子商务经营者销售的产品进行抽样时，可以以消费者的名义买样。

第二十六条 市场监督管理部门进行网络抽样的，应当记录抽样人员以及付款账户、注册账号、收货地址、联系方式等信息。抽样人员应当通过截图、拍照或者录像的方式记录被抽样销售者信息、样品网页展示信息，以及订单信息、支付记录等。

第二十七条 抽样人员购买的样品应当包括检验样品和备用样品。

第二十八条 抽样人员收到样品后，应当通过拍照或者录像的方式记录拆封过程，对寄递包装、样品包装、样品标识、样品寄递情形等进行查验，对检验样品和备用样品分别封样，并将检验样品和备用样品携带或者寄递至检验机构进行检验。

抽样人员应当根据样品情况填写抽样文书。抽样文书经抽样人员签字并加盖抽样单位公章后，与监督抽查通知书一并寄送被抽样销售者。抽样机构执行买样任务的，还应当寄送组织监督抽查的市场监督管理部门出具的授权委托书复印件。

第四章 检　　验

第二十九条 检验人员收到样品后，应当通过拍照或者录像的方式检查记录样品的外观、状态、封条有无破损以及其他可能对检验结论产生影响的情形，并核对样品与抽样文书的记录是否相符。

对于抽样不规范的样品，检验人员应当拒绝接收并书面说明理由，同时向组织监督抽查的市场监督管理部门报告。

对于网络抽样的检验样品和备用样品，应当分别加贴相应标识后，按照有关要求予以存放。

第三十条 被抽样产品实行生产许可、强制性产品认证等管理的，检验人员应当在检验前核实样品的生产者是否符合相应要求。

检验人员发现样品的生产者涉嫌存在无证无照等无需检验即可判定违法的情形的，应当终止检验，立即报告组织监督抽查的市场监督管理部门，并同时报告涉嫌违法的样品的生产者所在地县级市场监督管理部门。

第三十一条 检验人员应当按照监督抽查实施细则所规定的检验项目、检验方法、判定规则等进行检验。

检验中发现因样品失效或者其他原因致使检验无法进行的，检验人员应当如实记录，并提供相关证明材料，报送组织监督抽查的市场监督管理部门。

第三十二条 检验机构出具检验报告，应当内容真实齐全、数据准确、结论明确，并按照有关规定签字、盖章。

检验机构和检验人员应当对其出具的检验报告负责。

第三十三条 检验机构应当在规定时间内将检验报告及有关材料报送组织监督抽查的市场监督管理部门。

第三十四条 检验结论为合格并且属于无偿提供的样品，组织监督抽查的市场监督管理部门应当在提出异议处理申请期限届满后及时退还。

前款规定以外的其他样品,组织监督抽查的市场监督管理部门应当在提出异议处理申请期限届满后按照有关规定处理。

第五章　异 议 处 理

第三十五条　组织监督抽查的市场监督管理部门应当及时将检验结论书面告知被抽样生产者、销售者,并同时告知其依法享有的权利。

样品属于在销售者处现场抽取的,组织监督抽查的市场监督管理部门还应当同时书面告知样品标称的生产者。

样品属于通过网络抽样方式购买的,还应当同时书面告知电子商务平台经营者和样品标称的生产者。

第三十六条　被抽样生产者、销售者有异议的,应当自收到检验结论书面告知之日起十五日内向组织监督抽查的市场监督管理部门提出书面异议处理申请,并提交相关材料。

第三十七条　被抽样生产者、销售者对抽样过程、样品真实性等有异议的,收到异议处理申请的市场监督管理部门应当组织异议处理,并将处理结论书面告知申请人。

被抽样生产者、销售者对检验结论有异议,提出书面复检申请并阐明理由的,收到异议处理申请的市场监督管理部门应当组织研究。对需要复检并具备检验条件的,应当组织复检。

除不以破坏性试验方式进行检验,并且不会对样品质量造成实质性影响的外,组织复检的市场监督管理部门应当向被抽样生产者、销售者支付备用样品费用。

第三十八条　申请人应当自收到市场监督管理部门复检通知之日起七日内办理复检手续。逾期未办理的,视为放弃复检。

第三十九条 市场监督管理部门应当自申请人办理复检手续之日起十日内确定具备相应资质的检验机构进行复检。

复检机构与初检机构不得为同一机构,但组织监督抽查的省级以上市场监督管理部门行政区域内或者组织监督抽查的市级、县级市场监督管理部门所在省辖区内仅有一个检验机构具备相应资质的除外。

第四十条 被抽样生产者、销售者隐匿、转移、变卖、损毁备用样品的,应当终止复检,并以初检结论为最终结论。

第四十一条 复检机构应当通过拍照或者录像的方式检查记录备用样品的外观、状态、封条有无破损以及其他可能对检验结论产生影响的情形,并核对备用样品与抽样文书的记录是否相符。

第四十二条 复检机构应当在规定时间内按照监督抽查实施细则所规定的检验方法、判定规则等对与异议相关的检验项目进行复检,并将复检结论及时报送组织复检的市场监督管理部门,由组织复检的市场监督管理部门书面告知复检申请人。复检结论为最终结论。

第四十三条 复检费用由申请人向复检机构先行支付。复检结论与初检结论一致的,复检费用由申请人承担;与初检结论不一致的,复检费用由组织监督抽查的市场监督管理部门承担。

第六章 结果处理

第四十四条 组织监督抽查的市场监督管理部门应当汇总分析、依法公开监督抽查结果,并向地方人民政府、上一级市场监督管理部门和同级有关部门通报监督抽查情况。

组织地方监督抽查的市场监督管理部门发现不合格产品为本行政区域以外的生产者生产的,应当及时通报生产者所在地同级市场监督管理部门。

第四十五条 对检验结论为不合格的产品,被抽样生产者、销售者应当立即停止生产、销售同一产品。

第四十六条 负责结果处理的市场监督管理部门应当责令不合格产品的被抽样生产者、销售者自责令之日起六十日内予以改正。

第四十七条 负责结果处理的市场监督管理部门应当自责令之日起七十五日内按照监督抽查实施细则组织复查。

被抽样生产者、销售者经复查不合格的,负责结果处理的市场监督管理部门应当逐级上报至省级市场监督管理部门,由其向社会公告。

第四十八条 负责结果处理的市场监督管理部门应当在公告之日起六十日后九十日前对被抽样生产者、销售者组织复查,经复查仍不合格的,按照《中华人民共和国产品质量法》第十七条规定,责令停业,限期整顿;整顿期满后经复查仍不合格的,吊销营业执照。

第四十九条 复查所需样品由被抽样生产者、销售者无偿提供。

除为提供复查所需样品外,被抽样生产者、销售者在经负责结果处理的市场监督管理部门认定复查合格前,不得恢复生产、销售同一产品。

第五十条 监督抽查发现产品存在区域性、行业性质量问题,市场监督管理部门可以会同其他有关部门、行业组织召开质量分析会,指导相关产品生产者、销售者加强质量管理。

第七章 法 律 责 任

第五十一条 被抽样生产者、销售者有下列情形之一的,由县级市场监督管理部门按照有关法律、行政法规规定处理;法律、行政法规未作规定的,处三万元以下罚款;涉嫌构成犯罪,依法需要追究刑事责任的,按照有关规定移送公安机关:

(一)被抽样产品存在严重质量问题的;

(二)阻碍、拒绝或者不配合依法进行的监督抽查的;

（三）未经负责结果处理的市场监督管理部门认定复查合格而恢复生产、销售同一产品的；

（四）隐匿、转移、变卖、损毁样品的。

第五十二条 抽样机构、检验机构及其工作人员违反本办法第九条、第十四条第二款规定的，由县级市场监督管理部门按照有关法律、行政法规规定处理；法律、行政法规未作规定的，处三万元以下罚款；涉嫌构成犯罪，依法需要追究刑事责任的，按照有关规定移送公安机关。

第五十三条 市场监督管理部门工作人员滥用职权、玩忽职守、徇私舞弊的，对直接负责的主管人员和其他直接责任人员依法给予行政处分。

第八章 附 则

第五十四条 市场监督管理部门应当妥善保存抽样文书等有关材料、证据，保存期限不得少于两年。

第五十五条 本办法中所称“日”为公历日。期间届满的最后一日为法定节假日的，以法定节假日后的第一日为期间届满的日期。

第五十六条 本办法自2020年1月1日起施行。2010年12月29日原国家质量监督检验检疫总局令第133号公布的《产品质量监督抽查管理办法》、2014年2月14日原国家工商行政管理总局令第61号公布的《流通领域商品质量抽查检验办法》、2016年3月17日原国家工商行政管理总局令第85号公布的《流通领域商品质量监督管理办法》同时废止。

市场监督管理投诉举报处理暂行办法

（2019年11月30日国家市场监督管理总局令第20号公布　根据2022年3月24日国家市场监督管理总局令第55号《国家市场监督管理总局关于修改和废止部分规章的决定》第一次修正　根据2022年9月29日国家市场监督管理总局令第61号《国家市场监督管理总局关于修改和废止部分规章的决定》第二次修正）

第一条　为规范市场监督管理投诉举报处理工作，保护自然人、法人或者其他组织合法权益，根据《中华人民共和国消费者权益保护法》等法律、行政法规，制定本办法。

第二条　市场监督管理部门处理投诉举报，适用本办法。

第三条　本办法所称的投诉，是指消费者为生活消费需要购买、使用商品或者接受服务，与经营者发生消费者权益争议，请求市场监督管理部门解决该争议的行为。

本办法所称的举报，是指自然人、法人或者其他组织向市场监督管理部门反映经营者涉嫌违反市场监督管理法律、法规、规章线索的行为。

第四条　国家市场监督管理总局主管全国投诉举报处理工作，指导地方市场监督管理部门投诉举报处理工作。

县级以上地方市场监督管理部门负责本行政区域内的投诉举报处理工作。

第五条　市场监督管理部门处理投诉举报，应当遵循公正、高效的原则,做到适用依据正确、程序合法。

第六条 鼓励社会公众和新闻媒体对涉嫌违反市场监督管理法律、法规、规章的行为依法进行社会监督和舆论监督。

鼓励消费者通过在线消费纠纷解决机制、消费维权服务站、消费维权绿色通道、第三方争议解决机制等方式与经营者协商解决消费者权益争议。

第七条 向市场监督管理部门同时提出投诉和举报,或者提供的材料同时包含投诉和举报内容的,市场监督管理部门应当按照本办法规定的程序对投诉和举报予以分别处理。

第八条 向市场监督管理部门提出投诉举报的,应当通过市场监督管理部门公布的接收投诉举报的互联网、电话、传真、邮寄地址、窗口等渠道进行。

第九条 投诉应当提供下列材料:

(一)投诉人的姓名、电话号码、通讯地址;

(二)被投诉人的名称(姓名)、地址;

(三)具体的投诉请求以及消费者权益争议事实。

投诉人采取非书面方式进行投诉的,市场监督管理部门工作人员应当记录前款规定信息。

第十条 委托他人代为投诉的,除提供本办法第九条第一款规定的材料外,还应当提供授权委托书原件以及受托人身份证明。

授权委托书应当载明委托事项、权限和期限,由委托人签名。

第十一条 投诉人为两人以上,基于同一消费者权益争议投诉同一经营者的,经投诉人同意,市场监督管理部门可以按共同投诉处理。

共同投诉可以由投诉人书面推选两名代表人进行投诉。代表人的投诉行为对其代表的投诉人发生效力,但代表人变更、放弃投诉请求或者达成调解协议的,应当经被代表的投诉人同意。

第十二条 投诉由被投诉人实际经营地或者住所地县级市场监督管理部门处理。

对电子商务平台经营者以及通过自建网站、其他网络服务销售商品或者提供服务的电子商务经营者的投诉，由其住所地县级市场监督管理部门处理。对平台内经营者的投诉，由其实际经营地或者平台经营者住所地县级市场监督管理部门处理。

上级市场监督管理部门认为有必要的，可以处理下级市场监督管理部门收到的投诉。下级市场监督管理部门认为需要由上级市场监督管理部门处理本行政机关收到的投诉的，可以报请上级市场监督管理部门决定。

第十三条 对同一消费者权益争议的投诉，两个以上市场监督管理部门均有处理权限的，由先收到投诉的市场监督管理部门处理。

第十四条 具有本办法规定的处理权限的市场监督管理部门，应当自收到投诉之日起七个工作日内作出受理或者不予受理的决定，并告知投诉人。

第十五条 投诉有下列情形之一的，市场监督管理部门不予受理：

（一）投诉事项不属于市场监督管理部门职责，或者本行政机关不具有处理权限的；

（二）法院、仲裁机构、市场监督管理部门或者其他行政机关、消费者协会或者依法成立的其他调解组织已经受理或者处理过同一消费者权益争议的；

（三）不是为生活消费需要购买、使用商品或者接受服务，或者不能证明与被投诉人之间存在消费者权益争议的；

（四）除法律另有规定外，投诉人知道或者应当知道自己的权益受到被投诉人侵害之日起超过三年的；

（五）未提供本法第九条第一款和第十条规定的材料的；

（六）法律、法规、规章规定不予受理的其他情形。

第十六条 市场监督管理部门经投诉人和被投诉人同意，采用调解的方式处理投诉，但法律、法规另有规定的，依照其规定。

鼓励投诉人和被投诉人平等协商，自行和解。

第十七条　市场监督管理部门可以委托消费者协会或者依法成立的其他调解组织等单位代为调解。

受委托单位在委托范围内以委托的市场监督管理部门名义进行调解，不得再委托其他组织或者个人。

第十八条　调解可以采取现场调解方式，也可以采取互联网、电话、音频、视频等非现场调解方式。

采取现场调解方式的，市场监督管理部门或者其委托单位应当提前告知投诉人和被投诉人调解的时间、地点、调解人员等。

第十九条　调解由市场监督管理部门或者其委托单位工作人员主持，并可以根据需要邀请有关人员协助。

调解人员是投诉人或者被投诉人的近亲属或者有其他利害关系，可能影响公正处理投诉的，应当回避。投诉人或者被投诉人对调解人员提出回避申请的，市场监督管理部门应当中止调解，并作出是否回避的决定。

第二十条　需要进行检定、检验、检测、鉴定的，由投诉人和被投诉人协商一致，共同委托具备相应条件的技术机构承担。

除法律、法规另有规定的外，检定、检验、检测、鉴定所需费用由投诉人和被投诉人协商一致承担。

检定、检验、检测、鉴定所需时间不计算在调解期限内。

第二十一条　有下列情形之一的，终止调解：

（一）投诉人撤回投诉或者双方自行和解的；

（二）投诉人与被投诉人对委托承担检定、检验、检测、鉴定工作的技术机构或者费用承担无法协商一致的；

（三）投诉人或者被投诉人无正当理由不参加调解，或者被投诉人明确拒绝调解的；

（四）经组织调解，投诉人或者被投诉人明确表示无法达成调解协议的；

（五）自投诉受理之日起四十五个工作日内投诉人和被投诉人未能达成调解协议的；

（六）市场监督管理部门受理投诉后，发现存在本办法第十五条规定情形的；

（七）法律、法规、规章规定的应当终止调解的其他情形。

终止调解的，市场监督管理部门应当自作出终止调解决定之日起七个工作日内告知投诉人和被投诉人。

第二十二条　经现场调解达成调解协议的，市场监督管理部门应当制作调解书，但调解协议已经即时履行或者双方同意不制作调解书的除外。调解书由投诉人和被投诉人双方签字或者盖章，并加盖市场监督管理部门印章，交投诉人和被投诉人各执一份，市场监督管理部门留存一份归档。

未制作调解书的，市场监督管理部门应当做好调解记录备查。

第二十三条　市场监督管理部门在调解中发现涉嫌违反市场监督管理法律、法规、规章线索的，应当自发现之日起十五个工作日内予以核查，并按照市场监督管理行政处罚有关规定予以处理。特殊情况下，核查时限可以延长十五个工作日。法律、法规、规章另有规定的，依照其规定。

对消费者权益争议的调解不免除经营者依法应当承担的其他法律责任。

第二十四条　举报人应当提供涉嫌违反市场监督管理法律、法规、规章的具体线索，对举报内容的真实性负责。举报人采取非书面方式进行举报的，市场监督管理部门工作人员应当记录。

鼓励经营者内部人员依法举报经营者涉嫌违反市场监督管理法律、法规、规章的行为。

第二十五条　举报由被举报行为发生地的县级以上市场监督管理部门处理。法律、行政法规、部门规章另有规定的，从其规定。

第二十六条　县级市场监督管理部门派出机构在县级市场监督

管理部门确定的权限范围内以县级市场监督管理部门的名义处理举报,法律、法规、规章授权以派出机构名义处理举报的除外。

第二十七条 对电子商务平台经营者和通过自建网站、其他网络服务销售商品或者提供服务的电子商务经营者的举报,由其住所地县级以上市场监督管理部门处理。

对平台内经营者的举报,由其实际经营地县级以上市场监督管理部门处理。电子商务平台经营者住所地县级以上市场监督管理部门先行收到举报的,也可以予以处理。

第二十八条 对利用广播、电影、电视、报纸、期刊、互联网等大众传播媒介发布违法广告的举报,由广告发布者所在地市场监督管理部门处理。广告发布者所在地市场监督管理部门处理对异地广告主、广告经营者的举报有困难的,可以将对广告主、广告经营者的举报移送广告主、广告经营者所在地市场监督管理部门处理。

对互联网广告的举报,广告主所在地、广告经营者所在地市场监督管理部门先行收到举报的,也可以予以处理。

对广告主自行发布违法互联网广告的举报,由广告主所在地市场监督管理部门处理。

第二十九条 收到举报的市场监督管理部门不具备处理权限的,应当告知举报人直接向有处理权限的市场监督管理部门提出。

第三十条 两个以上市场监督管理部门因处理权限发生争议的,应当自发生争议之日起七个工作日内协商解决,协商不成的,报请共同的上一级市场监督管理部门指定处理机关;也可以直接由共同的上一级市场监督管理部门指定处理机关。

第三十一条 市场监督管理部门应当按照市场监督管理行政处罚等有关规定处理举报。

举报人实名举报的,有处理权限的市场监督管理部门还应当自作出是否立案决定之日起五个工作日内告知举报人。

第三十二条 法律、法规、规章规定市场监督管理部门应当将举报处理结果告知举报人或者对举报人实行奖励的,市场监督管理部门应当予以告知或者奖励。

第三十三条 市场监督管理部门应当对举报人的信息予以保密,不得将举报人个人信息、举报办理情况等泄露给被举报人或者与办理举报工作无关的人员,但提供的材料同时包含投诉和举报内容,并且需要向被举报人提供组织调解所必需信息的除外。

第三十四条 市场监督管理部门应当加强对本行政区域投诉举报信息的统计、分析、应用,定期公布投诉举报统计分析报告,依法公示消费投诉信息。

第三十五条 对投诉举报处理工作中获悉的国家秘密以及公开后可能危及国家安全、公共安全、经济安全、社会稳定的信息,市场监督管理部门应当严格保密。

涉及商业秘密、个人隐私等信息,确需公开的,依照《中华人民共和国政府信息公开条例》等有关规定执行。

第三十六条 市场监督管理部门应当畅通全国 12315 平台、12315 专用电话等投诉举报接收渠道,实行统一的投诉举报数据标准和用户规则,实现全国投诉举报信息一体化。

第三十七条 县级以上地方市场监督管理部门统一接收投诉举报的工作机构,应当及时将投诉举报分送有处理权限的下级市场监督管理部门或者同级市场监督管理部门相关机构处理。

同级市场监督管理部门相关机构收到分送的投诉举报的,应当按照本办法有关规定及时处理。不具备处理权限的,应当及时反馈统一接收投诉举报的工作机构,不得自行移送。

第三十八条 市场监督管理部门处理依法提起的除本办法第三条规定以外的其他投诉的,可以参照本办法执行。

举报涉嫌违反《中华人民共和国反垄断法》的行为的,按照国家市场监督管理总局专项规定执行。专项规定未作规定的,可以参照本办法执行。

药品监督管理部门、知识产权行政部门处理投诉举报，适用本办法，但法律、法规另有规定的，依照其规定。

第三十九条 自然人、法人或者其他组织反映国家机关、事业单位、代行政府职能的社会团体及其他组织的行政事业性收费问题的，按照《信访工作条例》有关规定处理。

以投诉举报形式进行咨询、政府信息公开申请、行政复议申请、信访、纪检监察检举控告等活动的，不适用本办法，市场监督管理部门可以告知通过相应途径提出。

第四十条 本办法自2020年1月1日起施行。1998年3月12日原国家质量技术监督局令第51号公布的《产品质量申诉处理办法》、2014年2月14日原国家工商行政管理总局令第62号公布的《工商行政管理部门处理消费者投诉办法》、2016年1月12日原国家食品药品监督管理总局令第21号公布的《食品药品投诉举报管理办法》同时废止。

侵害消费者权益行为处罚办法

（2015年1月5日国家工商行政管理总局令第73号公布　根据2020年10月23日国家市场监督管理总局令第31号《关于修改部分规章的决定》修订）

第一条 为依法制止侵害消费者权益行为，保护消费者的合法权益，维护社会经济秩序，根据《消费者权益保护法》等法律法规，制定本办法。

第二条 市场监督管理部门依照《消费者权益保护法》等法律法

规和本办法的规定,保护消费者为生活消费需要购买、使用商品或者接受服务的权益,对经营者侵害消费者权益的行为实施行政处罚。

第三条 市场监督管理部门依法对侵害消费者权益行为实施行政处罚,应当依照公正、公开、及时的原则,坚持处罚与教育相结合,综合运用建议、约谈、示范等方式实施行政指导,督促和指导经营者履行法定义务。

第四条 经营者为消费者提供商品或者服务,应当遵循自愿、平等、公平、诚实信用的原则,依照《消费者权益保护法》等法律法规的规定和与消费者的约定履行义务,不得侵害消费者合法权益。

第五条 经营者提供商品或者服务不得有下列行为:

(一)销售的商品或者提供的服务不符合保障人身、财产安全要求;

(二)销售失效、变质的商品;

(三)销售伪造产地、伪造或者冒用他人的厂名、厂址、篡改生产日期的商品;

(四)销售伪造或者冒用认证标志等质量标志的商品;

(五)销售的商品或者提供的服务侵犯他人注册商标专用权;

(六)销售伪造或者冒用知名商品特有的名称、包装、装潢的商品;

(七)在销售的商品中掺杂、掺假,以假充真,以次充好,以不合格商品冒充合格商品;

(八)销售国家明令淘汰并停止销售的商品;

(九)提供商品或者服务中故意使用不合格的计量器具或者破坏计量器具准确度;

(十)骗取消费者价款或者费用而不提供或者不按照约定提供商品或者服务。

第六条 经营者向消费者提供有关商品或者服务的信息应当真实、全面、准确,不得有下列虚假或者引人误解的宣传行为:

(一)不以真实名称和标记提供商品或者服务;